Heinz Andreas, Hermann Groß, Bernd Schreiber

Handeln und Verantworten

Sozialkunde für die Fachhochschulreife

1. Auflage

Bestellnummer 15000

Bildungsverlag EINS

Haben Sie Anregungen oder Kritikpunkte zu diesem Produkt?
Dann senden Sie eine E-Mail an 15000_001@bv-1.de
Autoren und Verlag freuen sich auf Ihre Rückmeldung.

www.bildungsverlag1.de

Bildungsverlag EINS GmbH
Hansestraße 115, 51149 Köln

ISBN 978-3-427-**15000**-8

Inhalt

Vorwort

Der vorliegende Band „Handeln und Verantworten“ deckt inhaltlich die Lernbausteine 4 und 5 des rheinland-pfälzischen Lehrplans für das Fach Sozialkunde ab.

Neben der Einführung in politische und soziale Themen will dieses Buch vor allem zur Diskussion anregen und dazu beitragen, dass politisch-gesellschaftliche Vorgänge wie z. B. demokratische Veränderungen und der Wandel der Gesellschaft bzw. die Veränderung sozialer Prozesse besser durchschaut und beurteilt werden können.

Das Buch ist in die beiden Lernbausteine 4 und 5 unterteilt. Jeder Lernbaustein ist in mehrere Kapitel gegliedert, die wie folgt aufgebaut sind:

Während die linken Seiten **Informationstext** enthalten, finden Sie auf den rechten Seiten unmittelbar die dem Informationstext zugeordneten **Arbeitstexte**. Auf diese Weise haben Sie zugleich mit den Informationen immer auch die entsprechenden Materialien zur Hand. Die Arbeitsmaterialien sind durch Zahlen gekennzeichnet und den einzelnen Kapiteln zugeordnet:

Beispiel: 1.1/3 = **3. Arbeitstext** zum Kapitel 1.1

Darüber hinaus ermöglichen Ihnen die jedem Arbeitstext zugeordneten Aufgaben die Auseinandersetzung mit den Themen und die Vertiefung des Lernstoffes.

Jedes Kapitel wird abgerundet mit einer Seite „Wichtiges Wissen“, das wesentliche Lerninhalte und Daten nochmals zusammenfasst, gefolgt von einer Seite „Fragen und Aufgaben“ zur Überprüfung Ihres Wissenstandes und zur gezielten Vorbereitung z. B. auf eine Klassenarbeit.

Die im Informationstext unterstrichenen Wörter und Begriffe werden am Ende des Buches in einem Glossar näher erläutert.

Die Verfasser sind für Anregungen und Verbesserungsvorschläge dankbar.

Lernbaustein 4
Idee und Praxis der repräsentativen Demokratie

Athen (ca. 500 vor Christus)

Die Anfänge der Demokratie lassen sich bis ins 5. Jahrhundert vor Christus zurückverfolgen. Die Geburtsstätte liegt im antiken Griechenland, genauer in Athen.

Betrachtet man den Beginn und die Entstehung der Demokratie, dann wird man schnell feststellen, dass sie mit der heutigen Demokratie nur sehr bedingt vergleichbar ist.

Im Laufe der Jahrhunderte haben immer wieder Menschen versucht, die Demokratie zu verbessern, sowohl theoretisch als auch in der Praxis.

Berlin (2012 nach Christus)

Zur Diskussion

1. *Vergleichen Sie die beiden Bilder. Was könnte Ihrer Meinung nach der Hauptunterschied der Demokratie von „gestern" und „heute" sein?*
2. *Was verbinden Sie persönlich mit dem Begriff „Demokratie"? Diskutieren Sie Ihre Vorstellungen in Ihrer Klasse.*

1 Grundlagen von Herrschaft und Staatsbildung

1.1 Demokratische Verfassung Athens

Athen um etwa 500 v. Chr. ist eine der frühesten uns bekannten Gesellschaftsformen, die nach demokratischen Prinzipien organisiert ist.

Dabei ist diese Demokratie nicht von heute auf morgen entstanden, sondern entwickelte sich Schritt für Schritt und wurde über fast 100 Jahre immer wieder reformiert und verbessert. Für diesen Prozess stehen berühmte Namen: Solon, Kleisthenes und Perikles.

Auslöser für eine Entwicklung in Richtung Demokratie waren in Athen große soziale Missstände, die zur Folge hatten, dass u. a. verarmte Bauern vom Adel ausgebeutet und z. T. versklavt wurden.

Aufbau und Struktur der Demokratie in Athen

In Athen gab es eine direkte Demokratie, d. h., alle Bürger konnten mitbestimmen bzw. ein politisches Amt bekleiden. Allerdings hatten diese Bürgerrechte nur Männer, die älter als 18 Jahre und waffenfähig waren und außerdem nachweisen konnten, dass ihre Eltern aus Athen stammten. Umgekehrt hieß das, dass Frauen, Sklaven, Hinzugezogene bzw. Fremdarbeiter die oben genannten Mitwirkungsrechte nicht besaßen.

Im Folgenden werden nun die wichtigsten Organe der athenischen (attischen) Demokratie dargestellt.

Volksversammlung

Das wichtigste Organ war die Volksversammlung. An ihr konnten alle Bürger (siehe oben) teilnehmen. Geht man von einer Einwohnerzahl Athens in der damaligen Zeit von etwa 300 000 aus, dann besaßen etwa 35 000–40 000 Menschen die Bürgerrechte. Wirklich anwesend war bei den Volksversammlungen allerdings ein wesentlich geringerer Prozentsatz. Historiker gehen davon aus, dass in der Regel etwa 4 000–6 000 Bürger anwesend waren. Bei bestimmten Themen (z. B. Verurteilungen von Bürgern) mussten mindestens 6 000 Bürger anwesend sein.

Perikles bei einer Rede vor der Volksversammlung

„Grabrede für die Gefallenen" (Perikles 431 v.Chr.)

← 1.1/1

Die Staatsverfassung, die wir haben, richtet sich nicht nach den Gesetzen anderer, viel eher sind wir selbst für manchen ein Vorbild, als dass wir andere nachahmten. Mit Namen heißt sie, weil die Staatsverwaltung nicht auf wenige, sondern auf die Mehrheit ausgerichtet ist, Demokratie. Es haben aber nach den Gesetzen in den persönlichen Angelegenheiten alle das gleiche recht, nach der Würdigkeit aber genießt jeder – wie er eben auf irgendeinem Gebiet in Ansehen steht – in den Angelegenheiten des Staates weniger aufgrund eines regelmäßigen Wechsels (in der Bekleidung der Ämter), sondern aufgrund seiner Tüchtigkeit den Vorzug…
Frei leben wir als Bürger im Staat und frei vom gegenseitigen Misstrauen des Alltags, ohne gleich dem Nachbarn zu zürnen, wenn er sich einmal ein Vergnügen macht,…
Wie ungezwungen wir auch unsere persönlichen Dinge regeln, so hüten wir uns doch im öffentlichen Leben, allein aus Furcht, vor Rechtsbruch – in Gehorsam gegen Amtsträger und Gesetze, hier vor allem gegen solche, die zum Nutzen der Unterdrückten erlassen sind, und die ungeschriebenen, deren Übertretung nach allgemeinem Urteil Schande bringt…
Einzig und allein bei uns heißt doch jemand, der nicht daran teilnimmt (Anm. am staatlichen Leben), nicht untätig, sondern unnütz; und nur wir entscheiden in Staatsgeschäften selber oder denken sie doch richtig durch, den nicht schaden nach unserer Meinung Worte den Taten, sondern vielmehr, sich nicht durch das Wort vorher belehren zu lassen, ehe man an die nötigen Taten herangeht.

Quelle: Thukydides, Der Peloponnesische Krieg, übersetzt und herausgegeben von Helmut Vretska und Werner Rinner, Stuttgart, Reclam, 2000, Buch II, Kap.37 und 40, S.138 und S.140

Aufgaben

1. *Schreiben Sie stichwortartig die wichtigsten Aspekte der Verfassung in Athen heraus.*
2. *Welche der aufgeführten Aspekte gibt es Ihrer Meinung nach auch heute in einer Demokratie moderner Prägung?*
3. *Welcher oben genannte Aspekt widerspricht einer Demokratie moderner Prägung? Erläutern Sie die Gründe dafür.*

← 1.1/2

Volksabstimmung über Stuttgart 21

Volksbefragung über den Atomausstieg

Mehr Mitspracherechte für die Bürger

In der heutigen Zeit werden die Stimmen lauter, die eine direkte Beteiligung der Bürger an politischen Entscheidung (ähnlich im alten Athen) fordern.

Aufgaben

1. *Was halten Sie von einer direkten Demokratie?*
2. *Benennen Sie Vor- und Nachteile einer direkten Demokratie.*

Abgestimmt werden konnte über alle möglichen Themen, die jedoch auf der Tagesordnung stehen mussten, das heißt also, dass eine spontane Behandlung eines Themas nicht möglich war. Allerdings konnte die Volksversammlung bestimmen, dass ein Thema bei der nächsten Versammlung auf die Tagesordnung gesetzt wurde. Abgestimmt wurde nach einer entsprechenden Diskussion per Handzeichen, wobei jede Person eine Stimme hatte, die unabhängig von Einkommen und Ansehen gleich zählte. Grundlage war die Mehrheitswahl, beschlossen war der Vorschlag, der die meisten Stimmen bekam. Die Athener kannten allerdings auch schon die geheime Wahl mit „Stimmsteinen", wenn z. B. über einzelne Bürger entschieden wurde (z. B. Scherbengericht, s. S. 12). Reden und Anträge stellen konnte jeder Bürger. Eine Volksversammlung fand in der Regel mindestens 40-mal im Jahr statt. Anfangs traf man sich auf der Agora (Marktplatz), später dann im Dionysostheater. Perikles führte für die Teilnehmer der Volksversammlung ein „Tagegeld" (Diäten) ein.

Athen, Agora

Rat der 500

Der Rat der 500 stellte so etwas wie eine Regierung dar. Jeweils 50 Ratsmitglieder wurden in 10 Wahlbezirken (Phylen) für ein Jahr ausgelost. Gelost werden konnten nur Männer, die die Bürgerrechte besaßen und älter als 30 Jahre waren. Insgesamt konnte man zweimal Ratsherr werden, allerdings nicht in zwei aufeinanderfolgenden Jahren. Innerhalb des Rates gab es einen geschäftsführenden Ausschuss (Prytanie), der jeweils für 36 Tage tätig war. In diesem Ausschuss wurde täglich ein Vorsitzender gelost. Die Aufgaben des Rates bestanden vor allem in der Vorbereitung, Einberufung und Durchführung der Volksversammlung. So war der Vorsitzende des geschäftsführenden Ausschusses auch gleichzeitig Versammlungsleiter der Volksversammlung. Zur Vorbereitung gehörte es, dem Volk Anträge zu Entscheidungen vorzulegen, die im Vorfeld vom Rat bereits beraten und diskutiert worden waren. Darüber hinaus war der Rat der 500 auch für die Verwaltung Athens zuständig.

← 1.1/3

Viele Ämter im politischen System Athens wurden durch das Losverfahren bestimmt: So wurden die Mitglieder im Rat der 500, der Vorsitzende im geschäftsführenden Ausschuss und die Mitglieder der Volksgerichte ausgelost.

Aufgaben

1. *Welche Gründe könnten die Athener gehabt haben, ihre öffentlichen Ämter durch ein Losverfahren zu besetzen?*
2. *Glauben Sie, dass in einer modernen Demokratie wie der Bundesrepublik Deutschland ein solches Verfahren wie in Athen noch möglich wäre? Begründen Sie Ihre Antwort.*

← 1.1/4

Ablauf einer Volksversammlung

Fünf Tage vor der Volksversammlung wurde der anstehende Beschluss durch einen öffentlichen Aushang bekannt gegeben, z. B.: „Soll Athen einen neuen Tempel bauen, um die Götter gnädig zu stimmen?"

↓

Am festgesetzten Ort und zur festgesetzten Zeit begann die Volksversammlung (meist begann sie bei Sonnenaufgang und endete um die Mittagszeit).

↓

Bevor die Volksversammlung eröffnet wurde, wurde ein Opfer zu Ehren der Götter dargebracht.

↓

Der Vorsitzende eröffnete die Volksversammlung und fragte:
„Soll der Beschluss so angenommen werden oder soll diskutiert werden?"

↓

Jeder Bürger, der an der Volksversammlung teilnahm, konnte zu allen Themen der Volksversammlung seine Meinung sagen, Beschlüsse vorschlagen und über Vorschläge mit abstimmen. Die Frage ist allerdings, in welchem Umfang diese Rechte von den einzelnen Bürgern tatsächlich genutzt wurden. Die große Mehrheit war damit zufrieden, zuzuhören und abzustimmen, und nur eine kleine Minderheit trat vor, um eine Rede zu halten oder einen Antrag zu stellen. Eine Rede in der Volksversammlung zu halten, erforderte einiges an Redekunst und Übung, über die nicht jeder Bürger verfügte. Das ist der Grund, warum die Diskussionen bestimmt wurden von einer kleinen Gruppe halb- oder ganz professioneller Redner. Wer das Wort erteilt bekam, setzte sich einen Myrtenkranz auf den Kopf.

↓

Rede und Gegenrede wechselten ab. Dann wurde über den Beschluss abgestimmt. Wurde er abgelehnt, ging er zurück zum Rat der 500, wurde er angenommen, so wurde er durch den Rat der 500 als Gesetz veröffentlicht.

Aufgaben

1. *Beurteilen Sie den Ablauf einer Volksversammlung.*
2. *Worin sehen Sie die größte Gefahr beim Ablauf einer Volksversammlung?*

Volksgerichte

Die Gerichtsbarkeit lag beim Volksgericht. Dafür wurden jedes Jahr ca. 6 000 Bürger in die entsprechenden Volksgerichte gelost. Die Entscheidungen der Volksgerichte waren sofort rechtskräftig und wurden unmittelbar vollstreckt. Gegenstand der Verhandlungen konnten alle möglichen Dinge sein (Finanzen, Straftaten etc.) – mit Ausnahme von Mord: Mord und mit Mord zusammenhängende Fälle wurden vor dem Areopag (Blutgerichtsbarkeit) verhandelt. Er war somit eine Art oberstes Gericht und setze sich aus ehemaligen führenden Beamten (Archonten) zusammen. Eine besondere Bedeutung besaß das Scherbengericht (Ostrakismus). Einmal im Jahr konnte die Volksversammlung ein solches Scherbengericht abhalten. Jeder Bürger konnte dann auf eine Tonscherbe den Namen des Mannes ritzen, von dem er glaubte, dass er seine Macht missbrauchte bzw. nach zu viel Macht strebte. Die Abstimmung fand ohne Aussprache statt. Kam eine Mehrheit von 6 000 Stimmen zustande, musste der Betroffene innerhalb von zehn Tagen für zehn Jahre in die Verbannung gehen – mit der Androhung der Todesstrafe bei vorzeitiger Rückkehr. Eigentum und die Bürgerrechte blieben dem Verurteilten jedoch erhalten.

Tonscherben mit Namen

Beamte

Die ca. 700 Beamten Athens wurden durch das Los in der Regel für ein Jahr bestimmt. Alle Bürger, die mindestens 30 Jahre alt waren, konnten ein solches öffentliches Amt ausüben. Einschränkungen gab es dadurch, dass man nur einmal Beamter werden konnte und gleichzeitig dazu kein anderes Amt ausüben durfte. Es gab die verschiedensten Bereiche mit den unterschiedlichsten Aufgaben: Finanzbeamte, Aufsichtsbeamte (z. B. Straßen- und Wasserleitungsaufsicht), Verwaltungsbeamte etc. Je nach Aufgabe wurde der Beamte allerdings nicht durch Los bestimmt, sondern gewählt. So brauchte man z. B. im Rahmen der Bauaufsicht spezielle Kenntnisse, sodass das Losen hier wenig sinnvoll war. Eine besondere Rolle spielten die 10 Strategen (Feldherren). Sie wurden ebenfalls gewählt und ihre Amtszeit war nicht begrenzt. So übte Perikles insgesamt 15 Jahre hintereinander das Amt eines Strategen aus. Alle Beamten, auch die Strategen, wurden während ihrer Tätigkeit von der Volksversammlung und dem Rat der 500 überwacht. Es ist nachvollziehbar, dass ein Stratege durch Erfolge in einem Krieg erheblichen Einfluss auf das politische Leben Athens ausüben konnte.

Perikles

Die Verfassung der attischen Demokratie

← 1.1/5

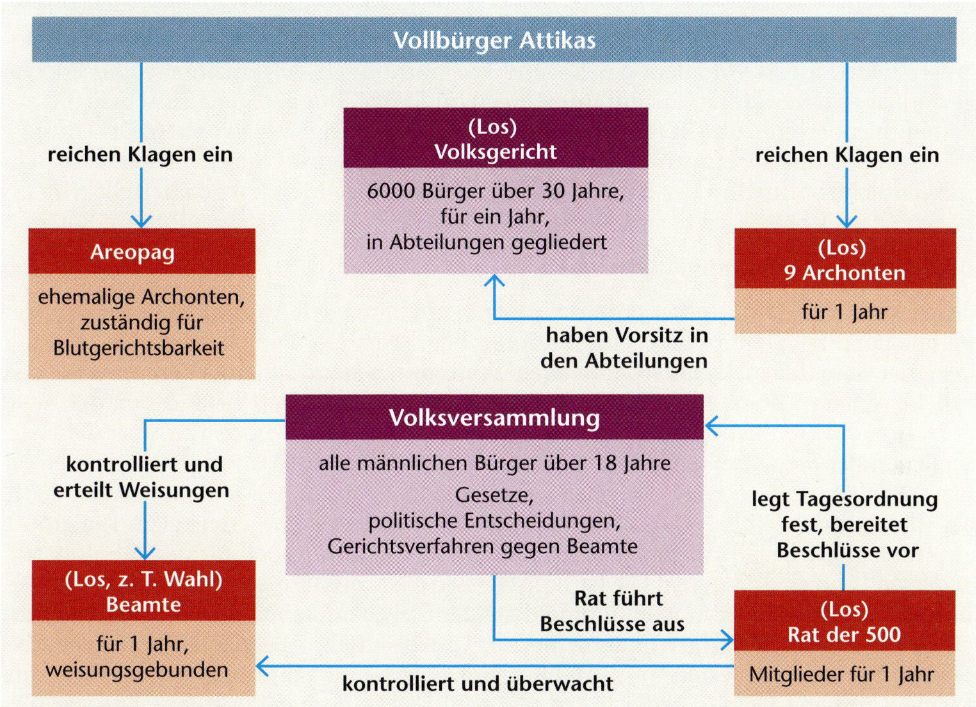

Vgl. Günther-Arndt, Hilke/Hoffmann, Dirk/Zwölfer, Norbert (Hg.): Geschichtsbuch Oberstufe, Bd. 1, Berlin, Cornelsen, 1995, S. 17 ff.

Aufgaben

1. *Beschreiben Sie mit eigenen Worten kurz das politische System im antiken Athen.*
2. *Kann man bei der Demokratie in Athen von einem Vorbild für moderne Demokratien sprechen? Begründen Sie Ihre Meinung.*

← 1.1/6

Demokratie Athen: Direkte Demokratie	Demokratie BRD: Repräsentative Demokratie

Aufgaben

1. *Erstellen Sie eine Tabelle, in der Sie die wesentlichsten Merkmale der antiken Demokratie in Athen und der modernen Demokratie in der Bundesrepublik Deutschland gegenüberstellen.*
2. *Nennen Sie Vorteile der repräsentativen gegenüber der direkten Demokratie. Begründen Sie Ihre Antwort.*

1.2 Die Vertragstheorie

Hält man das politische System in Athen (500 v. Chr.) für die Wiege moderner Demokratien, dann sind es vor allem das 17. und 18. Jahrhundert, allgemein auch als Epoche der Aufklärung bezeichnet, die mit ihren Ideen und Vorstellungen ganz entscheidend zur Entstehung unserer heutigen freiheitlichen Demokratien beigetragen haben. Die Gründe, dass es überhaupt zu einer solchen Epoche kommen konnte, lagen in der politisch-geschichtlichen Situation der damaligen Zeit, die im Folgenden kurz dargestellt wird.

Absolutismus und Ständegesellschaft

Europa war im 17. Jahrhundert politisch weitgehend durch den Absolutismus geprägt, der uneingeschränkten Herrschaft eines Königs oder Fürsten. Der absolute Staat stand über einer Gesellschaft, in der jeder in einen bestimmten Stand hineingeboren wurde, den er nicht verlassen konnte. An der Spitze dieser Ständegesellschaft befand sich der Adel, der zwar vom absolutistischen Herrscher politisch entmachtet worden war, aber dafür die Privilegien der Steuerfreiheit und der Grundherrschaft besaß. Das Bürgertum war einerseits Träger und Nutznießer der staatlich gelenkten Wirtschaft (Merkantilismus), hatte aber wie der Adel keinen politischen Einfluss – und zudem keine Privilegien. Die größte Last mussten die Bauern tragen: Steuern für den Staat und Abgaben für den Grundherrn, auf dessen Land sie arbeiteten. Die katholische wie die protestantische Kirche war mit den Königen und Fürsten verbunden und predigte der meist ländlichen Bevölkerung Ergebenheit in ihr angeblich gottgewolltes Schicksal. Unwissenheit, Aberglaube, Vorurteile und ein tiefer Pessimismus waren weitverbreitet. In Deutschland kam noch die Zersplitterung in viele z. T. recht kleine Länder hinzu, die zusätzlich eine fortschrittliche Entwicklung verhinderte.

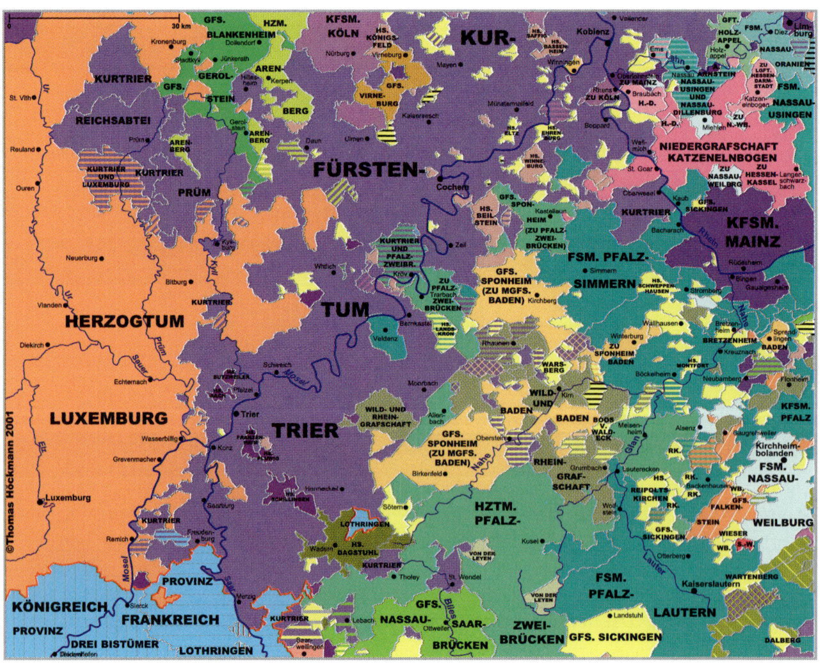

Rheinland-Pfalz 1789, Quelle: www.hoeckmann.de

← 1.2/1

Die Ständeordnung der Gesellschaft

Kennzeichnend für die gesellschaftliche Ordnung ist eine streng hierarchische Ständeordnung. Auf der obersten Stufe der „Lehnspyramide“ steht der König, der über verschiedene Stufen abwärts Rechte ausleihen kann (Lehen). Die unterste Stufe dieser Pyramide stellen die unfreien Schichten dar, die der Verfügung von Herren über den von ihnen bearbeiteten Grund und Boden, aber auch über persönliche Rechte wie Freizügigkeit, Familiengründung und Erbschaft unterliegen.

Ständepyramide 18. Jhd.

Merkmale ständischer Gliederung:

- Geburt bestimmt den Stand,
- klare Abgrenzung der Stände untereinander (z. B. durch Kleiderordnung),
- Wechsel des Standes ist nicht möglich,
- klare Zuordnung von Rechten (Privilegien) und Pflichten,
- Zuordnung wird als „gottgewollt“ verstanden.

Aufgaben

1. *Können Sie sich vorstellen, dass es auch heute noch eine solche Gesellschaftsordnung gibt?*
2. *Begründen Sie, warum eine solche Ordnung in der Bundesrepublik Deutschland völlig unmöglich ist.*

← 1.2/2

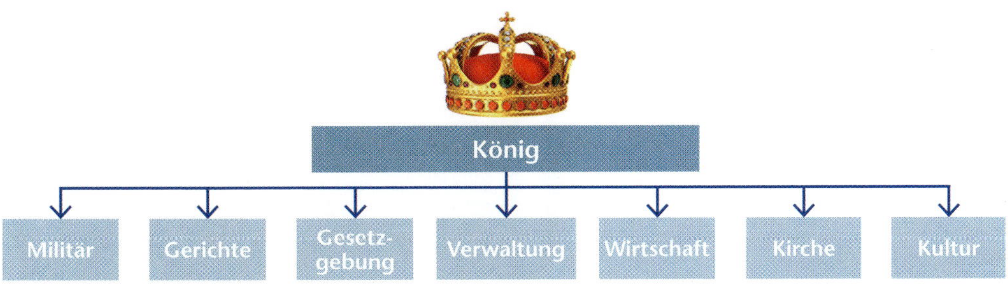

Aufgaben

Die oben stehende Abbildung zeigt einen absolutistischen Staat.

1. *Beschreiben Sie mit eigenen Worten den „Aufbau“ eines absolutistischen Staates.*
2. *Schildern Sie kurz, welche Folgen ein absolutistischer Staat für die Bevölkerung hat.*

Im 18. Jahrhundert begannen nun Teile des Bürgertums und auch einige Adlige zunächst in Frankreich diese Zustände zu kritisieren. Man maß sie an dem, was man für ein Gebot des vernünftigen Denkens hielt. Der menschliche Verstand wurde zum Maßstab aller Dinge gemacht. Freiheit statt Absolutismus, Gleichheit statt Ständeordnung, Erfahrung, wissenschaftliche Erkenntnis statt Vorurteil und Aberglauben, Toleranz statt Dogmatismus – so lauteten die neuen Ideen.

Statt auf ein Jenseits zu hoffen, sollten die Menschen voller Optimismus ihren Lebenssinn im Diesseits, im Hier und Heute sehen; sie sollten Gutes tun, ihre Tugenden entfalten – aus Einsicht in deren Richtigkeit und Nützlichkeit, nicht aus Furcht vor späteren Strafen (Fegefeuer, Hölle), wie es die Kirchen predigten. Die Menschen sollten über ihre politische, soziale und geistige Unterdrückung „aufgeklärt“ werden.

Der Begriff Aufklärung fasst verschiedene geistige und kulturelle Strömungen zusammen; allen gemeinsam war die Kritik am absoluten Wahrheitsanspruch der Religion und am Machtanspruch der absoluten Monarchie. Im Zeitalter der Aufklärung blühte nicht nur die Philosophie, sondern auch die Naturwissenschaft auf. Der Erkenntnisfortschritt der Naturwissenschaften wirkte sich auf Weltbild und Gottesvorstellung aus.

Staats- und Rechtslehre erhielten neue Grundlagen: An die Stelle göttlicher Legitimation des Monarchen trat der Gesellschaftsvertrag, der auf das Naturrecht gegründet war. Dem Machtanspruch des Staates wurden unverzichtbare und immer gültige Menschenrechte gegenübergestellt. Die Verfassungslehre betonte besonders die Rechte des Einzelnen und die sich aus ihnen ergebenden Grenzen der Staatsgewalt sowie den Gedanken der Gewaltenteilung. Das Ideal eines freien, menschenwürdigen und glücklichen Daseins in einer neuen Gesellschaft sollte durch Anleitung zum freiheitlichen, autonomen Gebrauch der Vernunft möglich werden.

Die Epoche der Aufklärung wird heute als Wegbereiter der Französischen Revolution und der Gründung der Vereinigten Staaten bewertet. Auch die Industrialisierung und die Industrielle Revolution mit all ihren Folgen (Aufkommen von Kapitalismus, Demokratie) sind ohne die vorausgegangene Aufklärung nur schwer vorstellbar.

Erklärung der Menschen- und Bürgerrechte, mit denen am 26. August 1789 die Demokratie und Freiheit in Frankreich begründet wurde

Die allgemeine Volksbildung, die allgemeinen Begriffssysteme der Naturwissenschaft, die weitgehende Verwissenschaftlichung der Technik, der Medizin, auch der Wirtschaft und Politik sind ebenfalls als Folgen der Aufklärung nicht zu leugnen. Man kann also sagen, dass die Aufklärung einen Großteil dessen vorbereitet hat, was wir heute denken und sind. Die Auswirkungen der Aufklärung und ihrer Ideen auf die heutige Zeit sind gar nicht messbar. Sie legte den Grundstein für die moderne Welt und hat daher unschätzbare Wirkungen bis in unsere Gegenwart.

Der Philosoph Immanuel Kant (1724–1804) hat eine Definition des Begriffes „Aufklärung" gegeben:

← 1.2/3

„Aufklärung ist der Ausgang des Menschen aus seiner selbstverschuldeten Unmündigkeit. Unmündigkeit ist das Unvermögen, sich seines Verstandes ohne Leitung eines anderen zu bedienen. Selbstverschuldet ist diese Unmündigkeit, wenn die Ursache derselben nicht am Mangel des Verstandes, sondern der Entschließung und des Mutes liegt, sich seiner ohne Leitung eines anderen zu bedienen. ‚Sapere aude! Habe Mut, dich deines eigenen Verstandes zu bedienen!' ist also der Wahlspruch der Aufklärung. Faulheit und Feigheit sind die Ursachen, warum ein so großer Teil der Menschen, nachdem sie die Natur längst von fremder Leitung freigesprochen, dennoch gerne zeitlebens unmündig bleiben; und warum es anderen so leicht wird, sich zu deren Vormündern aufzuwerfen. Es ist so bequem, unmündig zu sein."

Immanuel Kant: Beantwortung der Frage „Was ist Aufklärung?", zitiert nach: Bahr, Ehrhard (Hg.): Was ist Aufklärung? Thesen und Definitionen, Reclams Universal Bibliothek Nr. 9714, Leipzig, Philipp Reclam Jun., 1986, S. 9

Aufgaben

1. *Erklären Sie mit eigenen Worten Kants Definition des Begriffes „Aufklärung".*
2. *Was sind nach Kant die Ursachen für die „Unmündigkeit" der Bürger?*
3. *Glauben Sie, dass diese „Ursachen" auch heute noch existieren? Begründen Sie Ihre Antwort.*

Die Ideen der Aufklärung beeinflussten die Entstehung moderner Staaten.

← 1.2/4

Virginia Bill of Rights (12. Juni 1776)

„Eine Erklärung der Rechte, von den Vertretern der guten Bevölkerung von Virginia, in vollständiger und freier Versammlung zusammengetreten, abgegeben über die Rechte, die ihnen und ihrer Nachkommenschaft als Grundlage und Fundament der Regierung zustehen.

Artikel 1: Alle Menschen sind von Natur aus in gleicher Weise frei und unabhängig und besitzen bestimmte angeborene Rechte, […], und zwar den Genuss des Lebens und der Freiheit, die Mittel zum Erwerb und Besitz von Eigentum und das Erstreben und Erlangen von Glück und Sicherheit.

Artikel 2: Alle Macht ruht im Volke und leitet sich folglich von ihm her; […]

Artikel 12: Die Freiheit der Presse ist eines der starken Bollwerke der Freiheit und kann nur durch despotische Regierungen beschränkt werden.

Artikel 16: […] daher sind alle Menschen gleicherweise zur freien Religionsausübung berechtigt, entsprechend der Stimme ihres Gewissens; […]

zitiert nach: d@dalos, Internationaler UNESCO Bildungsserver für Demokratie-, Friedens- und Menschenrechtserziehung (Hg. Dr. Ragnar Müller), Zugriff unter: http://www.dadalos-d.org/deutsch/Menschenrechte/Grundkurs_MR2/Materialien/dokument2.htm [08.03.2012]

Aufgaben

1. *Welche Rechte werden in diesem Textauszug angesprochen?*
2. *Gibt es diese Rechte auch heute noch? Wenn ja, wo sind sie zu finden?*

Vertragstheorie von John Locke

Locke beschreibt in seinem Hauptwerk „Zwei Abhandlungen über die Regierung“ die staatliche Ordnung als Vertragsverhältnis zwischen den Bürgern und der Regierung.

Die Regierung ist nach Locke auf Zustimmung und Vertrauen angewiesen, sie übt die Amtsgeschäfte in „Treuhänderschaft“ für die Bürger aus. Gleichzeitig verknüpft er den Zweck der eingesetzten Regierung mit der Wahrung individueller und natürlicher Rechte der Bürger: Schutz des Lebens, Freiheit und Eigentum. Sollten die Repräsentanten gegen diese vertraglich vereinbarten Regeln handeln, können die Bürger ein Widerstandsrecht geltend machen. Die Rechte der Bürger stellten also gleichzeitig die Grenzen des Regierungshandelns dar.

John Locke

Grundlegend bei John Locke ist, dass er keine wirklich existierende Gesellschaft beschreibt, sondern eine vernünftig begründete und wünschenswerte Vorstellung einer politischen und gesellschaftlichen Ordnung formuliert. Dabei geht er von einem bestimmten „Menschenbild“ aus, d. h. der Frage nach den grundlegenden menschlichen Eigenschaften.

Für Locke gibt es einen „Naturzustand“, in dem alle Menschen frei sind, aber in einem Zustand ohne Rechtssystem und ohne Staat zusammenleben. Dabei geht er von folgenden Grundelementen aus:

- Der Mensch ist ein vernunftbegabtes Wesen.
- Der Mensch besitzt die Fähigkeit, in Freiheit und Eigenverantwortung über seinen Besitz und seine Persönlichkeit zu verfügen.
- Diese Freiheit ist jedoch nicht absolut, sondern hat Grenzen dort, wo die Freiheit des anderen beginnt.

Aus diesen Annahmen ergeben sich Folgen:

- Die Vernunft lehrt alle Menschen, dass niemand das Leben, den Besitz, die Freiheit eines anderen bedrohen bzw. diesem Schaden zufügen darf. Das ist für Locke quasi ein „Naturgesetz“.
- Verstößt jemand im Naturzustand gegen dieses Naturgesetz, dann kann dieser „Gesetzesbrecher“, da es ja keinen Staat bzw. keine Gerichtsbarkeit gibt, von dem Betroffenen selbst bestraft werden.

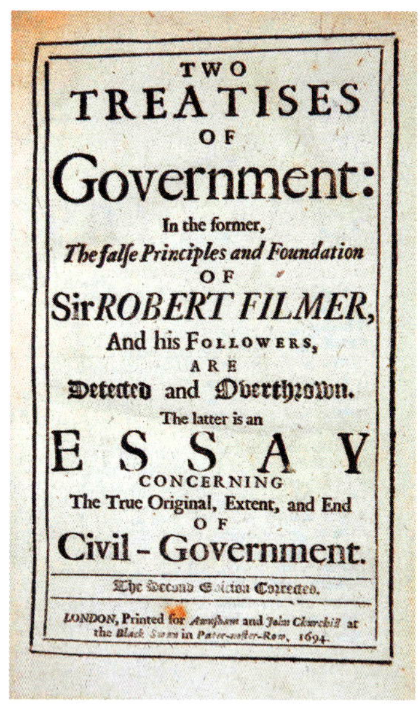

TWO
TREATISES
OF
Government:
In the former,
The false Principles and Foundation
OF
Sir ROBERT FILMER,
And his FOLLOWERS,
ARE
Detected and Overthrown.
The latter is an
ESSAY
CONCERNING
The True Original, Extent, and End
OF
Civil - Government.
The Second Edition Corrected.
LONDON, Printed for Awnsham and John Churchill at the Black Swan in Pater-noster-Row, 1694.

Da dies aber unweigerlich zu Chaos führen würde („Recht des Stärkeren“), ergibt sich für John Locke daraus zwangsweise die logische Schlussfolgerung, dass sich die Menschen zu einem Staat zusammenschließen müssen: Der Staat übernimmt daher die Aufgabe, das Eigentum, die individuellen Rechte und Freiheiten der Menschen vor „möglichen Gesetzesbrechern“ zu schützen.

← 1.2/5

Zweite Abhandlung über die Regierung

[...] § 87 Der Mensch wird, wie nachgewiesen worden ist, mit einem Rechtsanspruch auf vollkommene Freiheit und uneingeschränkten Genuss aller Rechte und Privilegien des natürlichen Gesetzes in Gleichheit mit jedem anderen Menschen oder jeder Anzahl von Menschen auf dieser Welt geboren. Daher hat er von Natur aus nicht nur die Macht, sein Eigentum, das heißt sein Leben, seine Freiheit und seinen Besitz, gegen die Schädigungen und Angriffe anderer Menschen zu schützen, sondern auch jede Verletzung des Gesetzes seitens anderer zu verurteilen und sie so zu bestrafen, wie es nach seiner Überzeugung das Vergehen verdient [...]. Da aber keine politische Gesellschaft bestehen kann, ohne dass es in ihr eine Gewalt gibt, das Eigentum zu schützen und zu diesem Zweck die Übertretungen aller, die dieser Gesellschaft angehören, zu bestrafen, so gibt es nur dort eine politische Gesellschaft, wo jedes einzelne ihrer Mitglieder seine natürliche Gewalt aufgegeben und zugunsten der Gemeinschaft in all denjenigen Fällen auf sie verzichtet hat, die es nicht davon ausschließen, das von ihr geschaffene Gesetz zu seinem Schutz anzurufen.

[...] § 134 Das große Ziel, das Menschen, die in eine Gesellschaft eintreten, vor Augen haben, liegt im friedlichen und sicheren Genuss ihres Eigentums, und das große Werkzeug und Mittel dazu sind die Gesetze, die in dieser Gesellschaft erlassen worden sind. So ist das erste und grundlegende positive Gesetz aller Staaten die Begründung der legislativen Gewalt sowie das erste und grundlegende natürliche Gesetz, das sogar über der legislativen Gewalt gelten muss, die Erhaltung der Gesellschaft und (soweit es mit dem öffentlichen Wohl vereinbar ist) jeder einzelnen Person in ihr. Diese Legislative ist nicht nur die höchste Gewalt des Staates, sondern sie liegt auch geheiligt und unabänderlich in den Händen, in welche die Gemeinschaft sie einmal gelegt hat. Keine Vorschrift irgendeines anderen Menschen, in welcher Form sie auch verfasst, von welcher Macht sie auch gestützt sein mag, kann die verpflichtende Kraft eines Gesetzes haben, wenn sie nicht ihre Sanktion von derjenigen Legislative erhält, die das Volk gewählt und ernannt hat. Denn ohne sie könnte das Gesetz nicht haben, was absolut notwendig ist, um es zu einem Gesetz zu machen, nämlich die Zustimmung der Gesellschaft. [...]

John Locke: Zwei Abhandlungen über die Regierung. Herausgegeben und eingeleitet von Walter Euchner, übersetzt von Hans Jörn Hoffmann, 4. Auflage, Frankfurt/M., Suhrkamp, 1989, S. 216 ff.

Aufgaben

1. *Erläutern Sie mithilfe des Textes den Begriff „Vertragstheorie" nach John Locke.*
2. *Auf welchen Aspekten beruht der zwischen Bürgern und den Regierenden abgeschlossene Vertrag?*
3. *Vergleichen Sie die aufgeführten Aspekte mit den Funktionen von Wahlen in einer modernen Demokratie. Erläutern Sie Übereinstimmungen bzw. Unterschiede.*

Was bedeutet Lockes Theorie nun für die „politische Herrschaft“ bzw. das „Regierungssystem“?

1. Politische Herrschaft ist gewollt und grundsätzlich nicht aufhebbar.
2. Politische Herrschaft ist eine auf Zeit übertragene Herrschaft, d. h., die Menschen übertragen einem Herrscher Rechte, damit er die wesentliche Aufgabe (Schutz der individuellen Rechte und Freiheiten und des Besitzes) erfüllen kann.
3. Bei Missbrauch fallen diese übertragenen Rechte wieder zurück in die Hände des Volkes.
4. Politische Herrschaft kann also nie absolute Herrschaft sein, da ja auch im Naturzustand kein Mensch absolute Gewalt über andere Menschen besitzt (Naturgesetz).
5. Der Herrscher ist also nichts anderes als ein Repräsentant des Volkes, der „treuhänderisch“ die ihm übertragene Gewalt verwaltet.

Zusammengefasst bedeutet das, dass die Menschen mit einem Herrscher einen „Vertrag“ abschließen, in dem sie auf bestimmte Rechte und Freiheiten zugunsten von Sicherheit und Schutz verzichten (= Vertragstheorie).

Jean-Jacques Rousseau

Vertragstheorie von Jean-Jacques Rousseau

In seinem Werk „Der Gesellschaftsvertrag oder die Prinzipien des Staatsrechts“ setzt sich Rousseau, so wie John Locke, theoretisch mit der Veränderung der Gesellschaft und des politischen Systems auseinander. Auch er geht von einem Menschenbild aus. Im Naturzustand sind die Menschen Einzelgänger, die folgende Merkmale aufweisen:

- Der Mensch ist von Natur aus gut.
- Der Mensch ist von Natur aus frei geboren.
- Alle Menschen sind gleich.
- Der Mensch ist bestrebt, nach seinen Bedürfnissen zu leben.

Aufgrund dieser Bedürfnisse, die weit über die Grundbedürfnisse (wie z. B. Essen und Trinken) hinausgehen, entwickelt sich der Mensch weiter. Aber gerade diese Weiterentwicklung, dieser Fortschritt bringt die Menschen dazu, dass sie ihre natürlichen Gegebenheiten verlieren: Der Mensch hat sich also von einem ursprünglich guten, freien und gleichen „Geschöpf der Natur“ zum schlechten, gefesselten, unterdrückten Wesen, gefangen in der Gesellschaft, entwickelt. Um dieser Entwicklung entgegenzuwirken, sie quasi rückgängig zu machen, entwickelt Rousseau eine neue Gesellschaftsordnung.

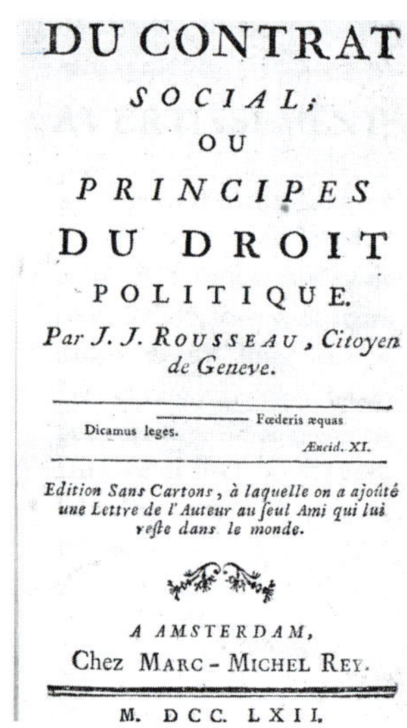
DU CONTRAT
SOCIAL;
OU
PRINCIPES
DU DROIT
POLITIQUE.
Par J. J. ROUSSEAU, Citoyen de Geneve.

——— Fœderis æquas
Dicamus leges.
Æneid. XI.

Edition Sans Cartons, à laquelle on a ajoûté une Lettre de l'Auteur au ſeul Ami qui lui reſte dans le monde.

A AMSTERDAM,
Chez MARC-MICHEL REY.
M. DCC. LXII.

Grundgedanken John Lockes	Aspekte einer freiheitlichen Demokratie
Naturgesetze	*unveräußerliche Menschenrechte*

← 1.2/6

Aufgaben

1. *Erstellen Sie eine Tabelle, in der Sie die wichtigsten Grundgedanken John Lockes und die möglicherweise heute vorhandenen Aspekte einer freiheitlichen Demokratie einander gegenüberstellen (siehe Beispiel oben).*
2. *Erläutern Sie die Bedeutung der Aspekte einer freiheitlichen Demokratie in der heutigen Zeit.*

	Naturzustand/Menschenbild bei
 *John Locke*	▪ freie Einzelpersönlichkeiten ▪ vernunftbegabte Wesen ▪ Fähigkeit, in Freiheit und Eigenverantwortung zu handeln ▪ Gleichheit aller Menschen ▪ Leben ohne Rechtsordnung und ohne Staat ▪ Naturgesetz – Respekt vor der Freiheit des anderen ▪ Recht, Gesetzesbrecher zu bestrafen
 *Jean-Jacques Rousseau*	▪ Menschen sind weder gut noch schlecht ▪ Menschen besitzen weder Tugend noch Laster ▪ Menschen leben nur nach ihren Bedürfnissen ▪ Menschen kennen keine moralischen Verpflichtungen ▪ es gibt keine naturgesetzlichen Rechte ▪ Gleichheit aller Menschen ▪ Recht und Unrecht entsteht erst mit dem Staat

← 1.2/7

Aufgaben

1. *Vergleichen Sie die Vorstellungen vom Menschen im Naturzustand bei John Locke und Jean-Jaques Rousseau. Erläutern Sie Gemeinsamkeiten und Unterschiede.*
2. *Welchen Vorstellungen können Sie sich eher anschließen? Begründen Sie Ihre Antwort.*

Ähnlich wie bei John Locke bedarf es auch bei Rousseau eines Gesellschaftsvertrages. Wesentliche und zentrale Bedeutung in diesem Gesellschaftsvertrag hat der „Gemeinwille" (volonté générale). Das bedeutet, dass die Menschen ihre persönlichen, individuellen Wünsche und Bedürfnisse dem allgemeinen Willen und damit dem Gemeinwillen unterordnen. Die Freiheit des Menschen wird in der Unterordnung unter den Gemeinwillen realisiert. Das klingt widersprüchlich, ist aber nach Rousseau folgerichtig, da der Gemeinwille ja die Freiheit und das Wohl der Bürger im Auge hat.

Doch wie kann das nach Rousseau erreicht werden?

- Grundsätzlich entscheidet das Volk, d. h., für Rousseau gibt es nur die direkte Demokratie.
- Alle bestimmen gleichberechtigt über das gemeinsame Leben und sind nur den Gesetzen unterworfen, die sie sich gemeinsam gegeben haben.
- Der Gemeinwille wird in der Volksversammlung durch Abstimmung deutlich. Der Mehrheit haben sich alle unterzuordnen, auch diejenigen, die anders gestimmt haben. (Die Mehrheit hat Recht, die Minderheit muss sich fügen.)
- Ziel der Gesetze ist es, die Wahrung der Freiheit und damit das Wohl der Bürger zu garantieren.
- Dies wird auch dadurch erreicht, dass die gesetzgebende Gewalt (Volksversammlung) und die ausführende Gewalt (Bürger aus der Volksversammlung) eine Einheit bilden. Damit ist eine Identität, eine Übereinstimmung von Regierten und Regierenden, gewährleistet.

Für Rousseau ist eine parlamentarische Demokratie, in der Abgeordnete für das Volk entscheiden, keine Demokratie.

1.3 Die Gewaltenteilung

Montesquieu

In klarem Gegensatz zu Rousseaus *unteilbarer und absoluter Volksherrschaft* steht Montesquieus (Charles-Louis de Secondat, Baron de La Brède et de Montesquieu) Idee der Gewaltenteilung und Beschränkung der Staatsmacht.

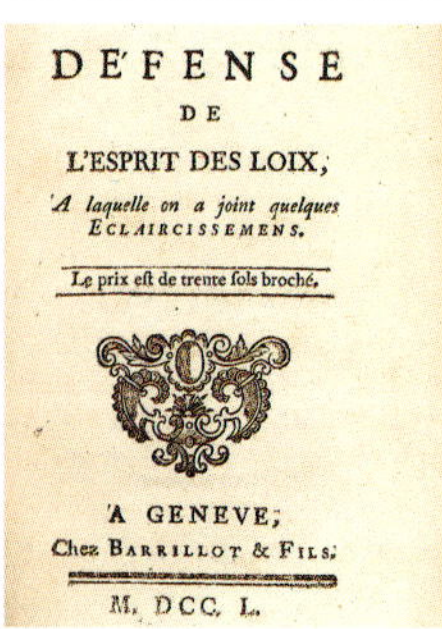

DE'FENSE
DE
L'ESPRIT DES LOIX,
A laquelle on a joint quelques
ECLAIRCISSEMENS.
Le prix est de trente sols broché.
A GENEVE,
Chez BARRILLOT & FILS.
M. DCC. L.

In seinem Werk „Vom Geist der Gesetze" beschreibt er den Naturzustand des Menschen, den er, ähnlich wie Locke, als friedlich darstellt. Die Menschen unterliegen natürlichen Gesetzen wie Streben nach Frieden, Selbsterhaltung und Gesellschaft. Erst wenn sich die Gesellschaft bildet, beginnt für Montesquieu der „Kriegszustand", und damit auch die Ausübung von Macht.

← 1.2/8

Kritik an Rousseaus Demokratietheorie

In Rousseaus Theorie sind die Keime für zwei gänzlich verschiedene Entwicklungen enthalten: Sein leidenschaftliches Eintreten für die Beteiligung des ganzen Volkes an der politischen Gewalt gab dem Gedanken der Volkssouveränität in Europa neue Kraft [...]. Doch zugleich sind in Rousseaus Demokratiebegriff freiheitsgefährdende Elemente enthalten, die ihm selbst offenbar nicht bewusst waren, die aber von späteren Diktatoren zur Errichtung einer Scheindemokratie missbraucht wurden: die Behauptung, dass es einen unfehlbaren Gemeinwillen gäbe, die Machtkonzentration bei der Volksversammlung, das Fehlen unantastbarer Grundrechte.

Rousseaus „volonté générale" erhebt den Anspruch, ähnlich wie ein Naturgesetz absolut gültig und richtig zu sein. Wie wird dieser unfehlbare Gemeinwille ermittelt? Nach Rousseau durch die Diskussion aller Bürger, sofern sie nur gutwillig und gut unterrichtet sind. Was aber, wenn der von Rousseau angenommene Ausgleich der Sonderinteressen nicht stattfindet und keine Einstimmigkeit erzielt wird? Dann ist für Rousseau die Minderheit im Irrtum. Wenn sie diesen Irrtum nicht einsieht, muss sie zur Unterwerfung unter den Mehrheitswillen gezwungen werden. Wer an die „volonté générale" glaubt, kann abweichende Meinungen nicht dulden; denn für ihn ist der Wille der angeblich gut unterrichteten und am Gemeinwohl orientierten Mehrheit unfehlbar.

Der Anspruch der Mehrheit, den unfehlbaren Gemeinwillen zu vertreten, wird noch gefährlicher dadurch, dass Rousseau der Minderheit keine Möglichkeit gewährt, lebenswichtige Interessen zu schützen. Er kennt keine dem Gemeinwillen entzogenen, unantastbaren Menschenrechte. Er glaubt, in der Volksversammlung würden sich immer Vernunft und Gerechtigkeit durchsetzen, weil es ihm undenkbar erscheint, dass das Volk sich selbst unvernünftige und ungerechte Gesetze geben könnte. So hält er Begrenzungen des Volkswillens, etwa durch das Prinzip der Gewaltenteilung und durch unantastbare Menschenrechte, für unnötig.

Auf Rousseaus Lehre von der „volonté générale" konnten sich daher alle Tyrannen berufen, die behaupteten, im Namen des unfehlbaren Volkswillens zu handeln: [...] Lenin, Stalin, Hitler. Die „totalitäre Demokratie", wie sie uns heute in den kommunistischen „Volksdemokratien" entgegentritt, könnte ihren demokratischen Anspruch mit Gedanken Rousseaus begründen: Die kommunistische Führungsschicht kenne den wahren, auf das Gemeinwohl zielenden Volkswillen; wer sich diesem Willen widersetzt, sei entweder falsch unterrichtet und müsse sich belehren lassen, oder er sei böswillig und müsse zur Unterwerfung gezwungen werden [...].

Hartwich, Hans-Hermann (Hg.): Politik im 20. Jahrhundert, Braunschweig, Georg Westermann Verlag, 1980, S. 76

Aufgaben

1. *Fassen Sie die oben geäußerte Kritik an Rousseaus Vorstellungen mit eigenen Worten zusammen.*
2. *Stimmen Sie dieser Kritik zu? Begründen Sie Ihre Aussage.*
3. *Suchen Sie weitere Aspekte, die die Überlegungen Rousseaus aus heutiger Sicht unmöglich erscheinen lassen.*

Für Montesquieu ist klar, dass ein Mensch, der Macht besitzt, diese auch missbraucht. Um Machtmissbrauch zu verhindern, trennt er die drei Staatsgewalten in Exekutive, Legislative und Judikative. Wesentliche Aufgabe der Gewaltenteilung ist die Sicherung der Freiheit. Aus diesem Grund müssen die politischen Gewalten voneinander unabhängig sein und sich gegenseitig kontrollieren. Wäre nämlich z. B. die Judikative abhängig von der Exekutive, würde diese die Rechtsprechung beeinflussen und könnte bestimmen, was Recht und was Unrecht ist. Genauso könnte eine Verbindung mit der Legislative Gesetze einführen, die die Freiheit der Bürger entsprechend einschränken bzw. aufheben.

Also müssen Exekutive, Legislative und Judikative auf drei Machtträger verteilt sein, um zu verhindern, dass ein Einzelner oder eine Gruppe zu mächtig wird und die Freiheit außer Kraft setzt. Nach Montesquieus Vorstellung sollte die Gesetzgebung aus einer Volksvertretung sowie einem adeligen Oberhaus bestehen und nicht an Weisungen gebunden sein. Der Monarch wäre für den Vollzug der Gesetze und die Ausübung der auswärtigen Gewalt zuständig. Die Gerichte müssten unbedingt unabhängig und selbst an Gesetze gebunden sein. Die Legislative wiederum kontrolliert die Ausführung der Gesetze und beschließt auch über den Staatshaushalt. Bei den Gesetzen unterscheidet Montesquieu in

- Völkerrecht (regelt die Beziehung zwischen den Staaten),
- Staatsrecht (regelt die Beziehungen zwischen Regierenden und Regierten),
- bürgerliches Recht (regelt die Beziehungen zwischen den Bürgern).

Mit seinen Vorstellungen beeinflusste Montesquieu, neben Rousseau, ganz entscheidend die Ideen der Französischen Revolution ebenso wie die Amerikanische Verfassung von 1787. Bis in die heutige Zeit bildet die Gewaltenteilung die Basis jeder freiheitlichen Demokratie.

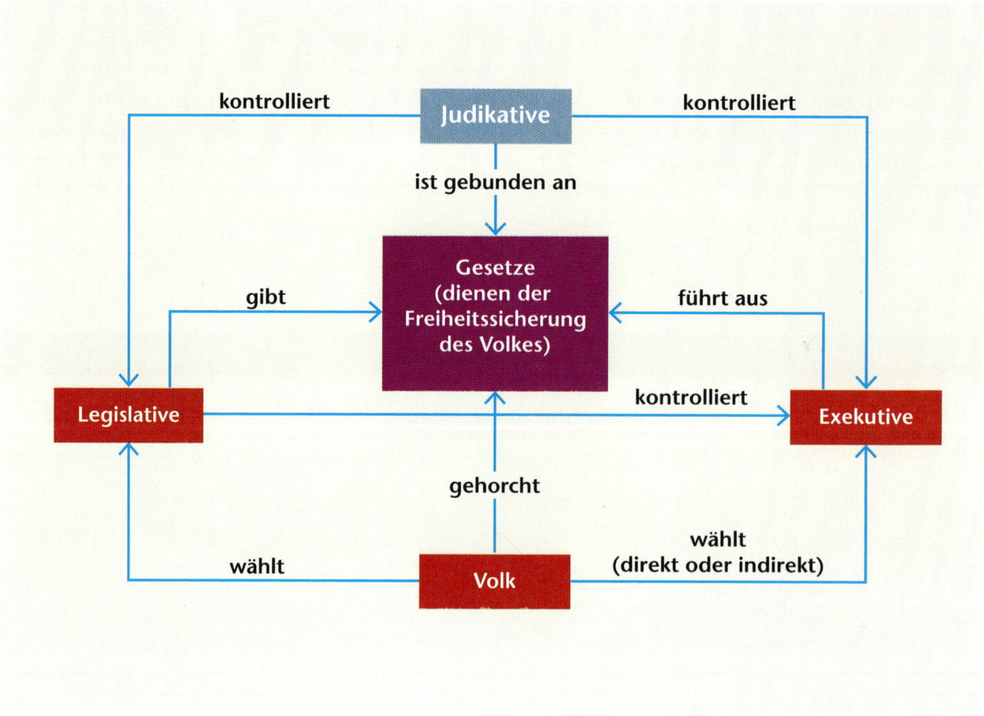

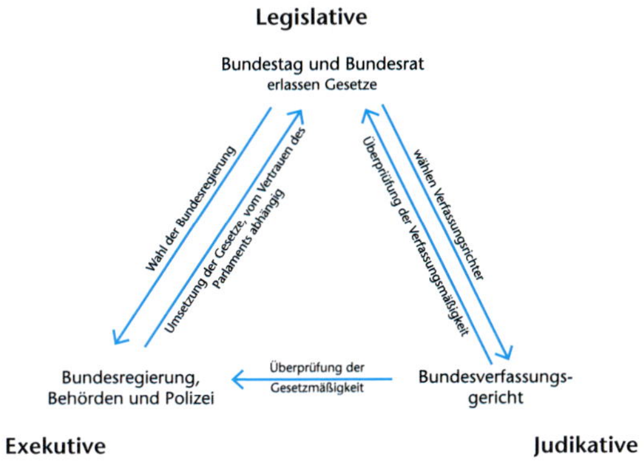

vgl. Lohse, Christian: Das Prinzip der Gewaltenteilung, Zugriff unter: http://exbook.de/20071014-das-prinzip-der-gewaltenteilung/ [1.03.2012]

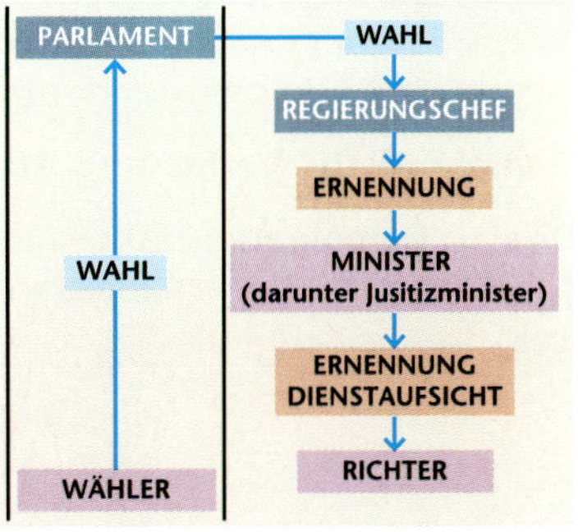

Hochschild, Udo: Gewaltenteilung in Deutschland – Die Realität, Zugriff unter: http://www.gewaltenteilung.de/einf_druck.htm#4 [1.03.2012]

← 1.3/1

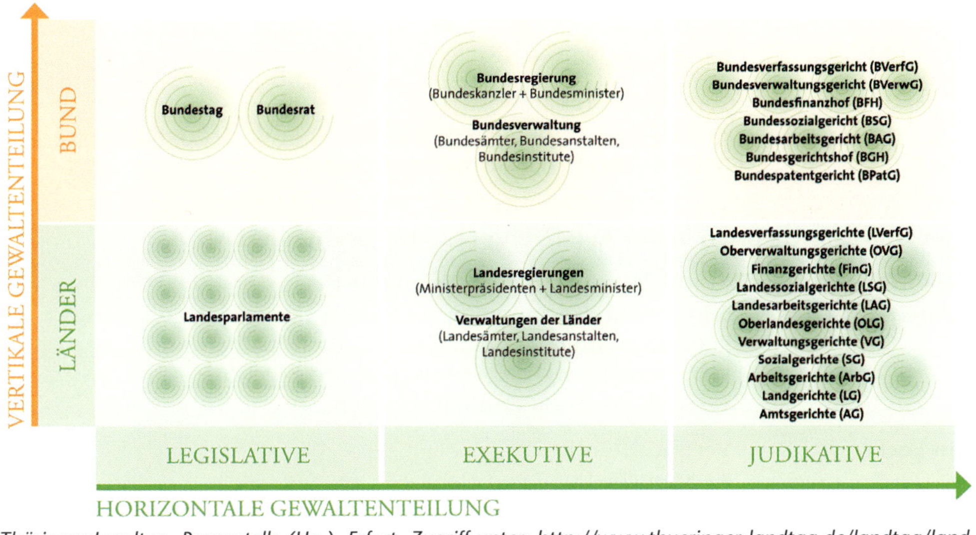

Thüringer Landtag, Pressestelle (Hg.), Erfurt, Zugriff unter: http://www.thueringer-landtag.de/landtag/landtag-zentrum-der-demokratie/grundprinzipien-der-demokratie/ [1.03.2012]

Aufgaben

1. *Beschreiben Sie die oben abgebildeten Schaubilder.*
2. *Inwieweit wird in den Schaubildern die Gewaltenteilung nach Montesquieu dargestellt?*
3. *Erläutern Sie mithilfe der Schaubilder „Abweichungen" bei der Gewaltenteilung in der Bundesrepublik Deutschland.*
4. *Suchen Sie nach Gründen für diese „Abweichungen".*

Wichtiges Wissen

Demokratische Verfassung Athens (ca. 500 v.Chr.)

Direkte Demokratie: Alle Bürger, also alle aus Athen stammenden Männer über 18 Jahre, konnten mitbestimmen und ein politisches Amt bekleiden.

Politische Organe:

Volksversammlung
alle Bürger, ca. 40-mal im Jahr, Entscheidung über Gesetzesvorlagen, Scherbengericht einmal im Jahr

Rat der 500
je 50 Mitglieder aus 10 Wahlkreisen wurden für ein Jahr gelost; Vorbereitung, Einberufung und Durchführung der Volksversammlung, zuständig für die Verwaltung

Volksgerichte
ca. 6 000 Bürger per Los für ein Jahr, für alles zuständig (mit Ausnahme von Mord)

Verwaltung (Beamte)
ca. 700 Beamte/Bürger per Los für ein Jahr, 10 Strategen (Feldherren) per Wahl, Wiederwahl möglich

Demokratische Theorien in der Aufklärung (17./18. Jahrhundert)

Absolutismus Ständegesellschaft
König, Fürst war unumschränkter Herrscher;
gottgewollte Ordnung, d. h., Geburt bestimmte den Stand;
klare Trennung der Stände (z. B. durch Kleiderordnung);
klare Zuordnung von Privilegien und Pflichten;
Wechsel des Standes nicht möglich

John Locke

Vertragstheorie
- Menschen sind von Natur aus frei und gleich.
- Sie schließen sich zu einem Staat zusammen, der die Freiheit und das Eigentum des Einzelnen beschützen muss.
- Dafür übertragen die Menschen einem Herrscher einen Teil ihrer Rechte.
- Verstößt der Herrscher gegen die Aufgabe, fallen die Rechte an die Menschen zurück (Widerstandsrecht).

Jean-Jacques Rousseau

Gesellschaftsvertrag
- Menschen sind von Natur aus frei, gleich und gut.
- Erst beim Zusammenschluss zu einem Staat entstehen Recht und Unrecht, Macht und Unterdrückung.
- Bürger müssen im Sinne des Gemeinwohles entscheiden, d. h., die Mehrheit hat Recht, die Minderheit muss sich anpassen.

Montesquieu

Gewaltenteilung
Verhinderung von Machtmissbrauch durch die Trennung der Gewalten in Legislative, Exekutive und Judikative

Fragen

1. Welche Form der Demokratie gab es in Athen im Jahr 500 v. Chr.?
2. Wer konnte in Athen mitbestimmen und politische Ämter bekleiden?
3. Gibt es heute in der Bundesrepublik Deutschland ähnliche Beschränkungen?
4. Nennen Sie die Organe der Demokratie in Athen.
5. Beschreiben Sie das wichtigste Organ näher.
6. Beschreiben Sie das Zustandekommen und die Aufgaben des Rates der 500.
7. Was versteht man unter dem „Scherbengericht"?
8. Eine Besonderheit im politischen System Athens waren u. a. die „kurzen Amtszeiten". Wäre so etwas heute in der Bundesrepublik Deutschland auch noch möglich? Begründen Sie Ihre Antwort.
9. Welche Rolle spielten die „Strategen"?
10. Was versteht man unter der Epoche der Aufklärung? Welche Bedeutung hat diese Epoche für die heutige Zeit?
11. Beschreiben Sie die Merkmale einer Ständegesellschaft.
12. Gibt es heute weltweit eine ähnliche Gesellschaftsform wie die Ständegesellschaft?
13. Der französische König Ludwig XIV. hat den Absolutismus einmal so beschrieben: „Der Staat, das bin ich!" Erklären Sie diesen Satz mit konkreten Beispielen.
14. Beschreiben Sie kurz das Menschenbild bei John Locke.
15. John Locke beschreibt die staatliche Ordnung als Vertragsverhältnis zwischen den Bürgern und der Regierung. Erläutern Sie, was darunter zu verstehen ist.
16. Erläutern Sie den Begriff „Gesellschaftsvertrag" von Jean-Jacques Rousseau.
17. Bei Rousseau taucht der Begriff „Identität" auf. Was versteht Rousseau darunter?
18. Vergleichen Sie die Überlegungen von John Locke und Jean-Jacques Rousseau. Für welche „Idee" können Sie sich mehr „begeistern"? Begründen Sie Ihre Meinung schriftlich in einem kurzen Text (z. B. in einem Zeitungskommentar).
19. Was versteht man unter dem Begriff „Gewaltenteilung"?
20. Warum fordert Montesquieu eine Gewaltenteilung?
21. Welche Gesetzesarten unterscheidet Montesquieu? Gibt es heute in der Bundesrepublik Deutschland eine ähnliche Unterscheidung?
22. Wie ist die Gewaltenteilung in der Bundesrepublik Deutschland verwirklicht?
23. Kann man die Vorstellungen Montesquieus 1:1 auf die Bundesrepublik Deutschland übertragen?

2 Kennzeichen und Grundlagen demokratischer Ordnungen

Die bekannte Übersetzung für den Begriff „Demokratie" lautet: „Herrschaft des Volkes." In den kleinen griechischen Stadtstaaten war die unmittelbare Teilnahme des Volkes an der politischen Mitgestaltung leichter zu verwirklichen als in den modernen Nationalstaaten.

Einleuchtend ist, dass ein Staat eine Handlungsvollmacht braucht, damit er regieren kann. In dieser **staatlichen Macht** liegt aber auch die Gefahr, dass sie missbraucht wird. Um einen Missbrauch auszuschließen, gibt es in allen Demokratien Instrumente, die verhindern, dass staatliche Macht zu **staatlicher Herrschaft** wird.

Instrumente der Machtkontrolle sind:

- die Rechtfertigung staatlicher Macht,
- die Teilung und gegenseitige Kontrolle der Staatsgewalt,
- Möglichkeiten des Machtwechsels.

Wenn man die politischen Ordnungen von Staaten betrachtet, sind zunächst alle Staatsformen Gegenstand der Untersuchung. Dabei haben sich drei Grundtypen der Einteilung ausgebildet:

Staatsformen

Träger der obersten Staatsgewalt	Stellung des Staatsoberhauptes	Art der Ausübung der Staatsgewalt
▪ Monarchie ▪ Aristokratie ▪ Demokratie	▪ Monarchie ▪ Republik	▪ Monarchie ▪ Demokratie ▪ Diktatur

Herrschaft – eine Begriffsbestimmung

← 2/1

Herrschaft ist die institutionalisierte Ausübung von Macht in einer sozialen Gruppe. Sie differenziert diese in Herrschende (Herrscher), die die Macht und das Recht haben, zu führen, d. h. Befehle zu erteilen und Gehorsam zu fordern, und Beherrschte, die geführt werden, d. h. diese Befehle ausführen und gehorchen müssen, sei es, dass sie sich der Gewalt des/der Herrscher(s) gezwungenermaßen unterwerfen, sei es, dass sie dessen/deren Autorität freiwillig anerkennen [...].
Der Staat ist organisierte Herrschaft, die Entstehung von Herrschaft fällt zeitlich zusammen mit der Entstehung des Staates (im 5. Jahrtausend v. Chr.) [...].
Allen Herrschaftsformen ist gemeinsam, dass sich die Herrschenden bemühen, die Zustimmung der Beherrschten zur Ausübung ihrer Herrschaft zu gewinnen, sie als berechtigt und rechtmäßig (legitim) erscheinen zu lassen.

Bundeszentrale für politische Bildung (Hg.): Thema im Unterricht, Heft 13, Bonn, 1998, S. 28

Aufgaben

1. *Notieren Sie aus dem oben stehenden Text die Wesensmerkmale von Herrschaft.*
2. *Erläutern Sie die Karikatur auf der gegenüberliegenden Seite.*
3. *Worin unterscheidet sich Herrschaft von Macht?*

← 2/2

Demokratie; militärische; konstitutionelle; Diktatur; repräsentative; direkte/unmittelbare; Monarchie; präsidentielle; parlamentarische; Monarchie; parlamentarische

Muster:

Staatsformen	Regierungsformen

Aufgaben

1. *Ordnen Sie die oben stehenden kursiv gesetzten Wörter zu Ober- und Unterbegriffen.*
2. *Erstellen Sie dann eine Übersichtstabelle nach dem vorgegebenen Muster.*
3. *Klären Sie mithilfe von Nachschlagewerken die Fachinhalte.*

2.1 Merkmale der Demokratie

Der Begriff „Demokratie" ist zunächst nicht sehr aussagekräftig, weil er völlig unterschiedlich verwendet wird: So hat Hitlers Propagandaminister Joseph Goebbels über die NS-Diktatur geschrieben: „Wir Deutschen leben in einer wahren Demokratie." Die ehemalige DDR hat sich als „Deutsche Demokratische Republik" bezeichnet, obwohl sie von ihrer Staatsform die Merkmale einer Parteidiktatur hatte, und viele autoritäre Staaten bezeichnen die politische Ordnung ihres Landes als „Volksdemokratie".

Eine freiheitlich demokratische Herrschaft beruht auf einer Ordnung, die die Verwirklichung der Menschenrechte als obersten Leitgedanken hat. Darüber hinaus werden folgende Prinzipien verwirklicht:

- Das Volk ist oberster **Souverän**.
- Es überträgt durch freie Wahlen seinen Willen auf die Regierung. Damit legitimiert es die Regierungsgewalt.
- Der Grundsatz der Gewaltenteilung trennt die gesetzgebende Gewalt (**Legislative**), die ausführende Gewalt (**Exekutive**) und die Rechtsprechung (**Judikative**) voneinander und verhindert durch gegenseitige Kontrolle eine Machtkonzentration.
- Bei Entscheidungen gilt zwar das Mehrheitsprinzip, aber auch die Minderheiten genießen den Schutz des Staates (Minderheitenschutz).
- Die Ausübung politischer Herrschaft wird in einer Verfassung festgehalten.

Die Verfassung ist die politische und rechtliche Grundordnung eines Staates. In ihr ist die Gesamtheit der Rechtsnormen festgelegt, d. h. alle Vorschriften und Regeln. Die Verfassung klärt die:

- Grundordnung des Staates und seine Staats- und Regierungsform,
- Einrichtung und Aufgaben der obersten Staatsorgane,
- Grundsätze des politischen Lebens und Handelns,
- Rechtsstellung der Bürger mit ihren Grundrechten und Pflichten.

„Die Demokratie ist die schlechteste Staatsform, ausgenommen alle anderen."
Winston Churchill (1874–1965), britischer Premierminister

← 2.1/1

„Unter Demokratie verstehe ich, dass sie dem Schwächsten die gleichen Chancen einräumt wie dem Starken." *Mahatma Gandhi (1869–1948), Politiker und Philosoph*

„Diktaturen sind Einbahnstraßen. In Demokratien herrscht Gegenverkehr."
Alberto Moravia (1907–1990), italienischer Schriftsteller

„In der Demokratie geht die Macht vom Volk aus, doch häufig kehrt sie nicht mehr zu ihm zurück."
Hellmut Walters (1930–1985), deutscher Schriftsteller

Aufgaben

1. *Erklären Sie die hier zitierten Aussagen zur Demokratie.*
2. *Welche verstehen Sie als positive, welche eher als kritische Äußerungen?*
3. *Formulieren Sie Ihre persönliche Meinung zur Demokratie.*

Demokratie (Kriterien)

← 2.1/2

(1) Demokratische Herrschaft gründet sich auf das Prinzip der Volkssouveränität und der politischen Gleichheit aller (und zwar unabhängig von Geschlecht, Rasse, Konfession usw.).
(2) Sie ist gekoppelt an die Geltung bürgerlicher Grundrechte und an den rechtsstaatlichen Schutz des Einzelnen vor staatlicher Willkür.
(3) Die Partizipationsrechte und -chancen des Bürgers sind fundamentaldemokratisiert; dies setzt voraus: (a) allgemeines und gleiches Wahlrecht; (b) effektive Partizipation, [...] (c) eine aufgeklärte Öffentlichkeit; (d) individuelle wie kollektive Partizipationsmöglichkeiten, [...]; (e) Entscheidung auf Zeit; (f) unterschiedliche Zustimmungserfordernisse, je nach dem Grad der Reversibilität und/oder der Dauerhaftigkeit von Entscheidungen; (h) freie Entfaltungsmöglichkeiten für die Opposition, verstanden als Minderheitenschutz und als alternative Regierung im Wartestand, inklusive der Möglichkeit der Abwahl der Regierenden durch den Bürger [...].
(4) Demokratie im Interesse des Volkes erfordert nicht allein (a) die Responsivität[1] der Regierenden, sondern impliziert auch (b) soziale Teilhabe und ein bestimmtes, als legitim anerkanntes Maß an sozialer Gerechtigkeit, deren Gestaltung und Umfang wiederum strittig bleiben.

Nohlen, Dieter/Grotz, Florian (Hg.): Kleines Lexikon der Politik, 4. aktualisierte und erweiterte Auflage, München, C. H. Beck, 2007, S. 64

Aufgaben

1. *Erläutern Sie die Kriterien demokratischer Herrschaft mithilfe von Fachlexika.*
2. *Erstellen Sie mithilfe des Lexikonauszuges ein Strukturbild zum Thema „Kriterien der Demokratie"(z. B. eine Mindmap).*

---

[1] ***Responsivität:*** *Bereitschaft der Abgeordneten, bei der Gesetzgebung Wünsche und Interessen der Bürger zu berücksichtigen*

2.2 Parlamentarisches und präsidentielles Regierungssystem

In ein Parlament werden in demokratischen Staaten die Vertreter des Volkes gewählt. In der überschaubaren „Marktplatz-Demokratie" der griechischen Stadtstaaten (Polis) war dies einfach durchzuführen: Die Kandidaten wurden zu Beginn einer Wahlperiode direkt vom Wahlvolk (alle freien Männer) als Abgeordnete gewählt. Im Verlauf einer Legislaturperiode diskutierte und beschloss man auch öffentlich Gesetzesvorlagen. In einwohnerstarken Staaten ist diese Form der direkten Demokratie nicht mehr möglich. Man wählt Volksvertreter (Repräsentanten). Deswegen spricht man heute von der repräsentativen Demokratie.

Deutscher Bundestag

In modernen Demokratien haben sich zwei Grundformen herausgebildet, wie das politische demokratische System gestaltet werden kann. Dabei kommt der rechtlichen Stellung (Gewichtung) der obersten Staatsorgane Legislative (= Parlament) und Exekutive (= Regierung) eine besondere Bedeutung zu. Bei repräsentativen Demokratien unterscheidet man deswegen zwischen

- der **parlamentarischen Demokratie** und
- der **präsidentiellen Demokratie.**

Die parlamentarische Demokratie

In einer parlamentarischen Demokratie wird die Regierung nicht direkt vom Volk bestimmt, sondern von Abgeordneten, die in die Volksvertretung gewählt worden sind. Die Regierung geht aus dem Parlament hervor, sie ist auf dessen Vertrauen angewiesen und hat sich ihm gegenüber zu verantworten. Die hervorgehobene Stellung des Abgeordnetenhauses, auch „Kammer" genannt, zeigt sich darin, dass das Parlament der gesamten Regierung oder einzelnen Mitgliedern das Vertrauen entziehen und somit ihren Rücktritt erreichen kann.
Im Unterschied zur klassischen Lehre der Gewaltenteilung von John Locke und Charles Montesquieu (vgl. S. 25) findet in der parlamentarischen Demokratie nicht unbedingt eine völlige Trennung der einzelnen Gewalten statt. So besteht z. B. zwischen der Regierung (Exekutive) und der Opposition (Teil der Legislative) eine enge Verzahnung bei Abstimmungen. Man spricht deshalb hier von **Gewaltenverschränkung**.

← 2.2/1

Verbreitung demokratischer Staaten

Vorbemerkung: *Die Nicht-Regierungsorganisation (NGO) Freedom House überprüft mithilfe diverser, öffentlich dargelegter Indikatoren den Freiheitsgrad von Staaten und staatlichen Territorien. So spielen etwa die Freiheit der Wahlen und die Ausprägung des Parlamentarismus bei der Beurteilung eine Rolle, ebenso die Freiheit der Religionsausübung sowie die Meinungs- und Pressefreiheit. Da nicht alle Demokratien sämtliche Freiheitskriterien voll erfüllen, sind bei Freedom House auch sogenannte „eingeschränkt freie" Demokratien aufgeführt.*

[...] Nach der Klassifizierung von Freedom House sind alle 25 Staaten Europas parlamentarische Demokratien – dabei war die Türkei der einzige Staat, der 2008 als lediglich eingeschränkt frei galt.
Von den 35 Staaten Nord- und Südamerikas waren im selben Jahr 33 parlamentarische Demokratien – davon wurden 25 Staaten als frei und acht als eingeschränkt frei eingestuft. Zwei Staaten (Kuba und Venezuela) galten als unfrei.
In Asien war mit 20 von 39 Staaten gut die Hälfte der Staaten demokratisch. 16 der 20 demokratischen Staaten galten als frei, vier als eingeschränkt frei. [...]
Im subsaharischen Afrika waren im Jahr 2008 trotz der Fortschritte in der Vergangenheit nur 22 der insgesamt 48 Staaten demokratisch. Davon galten nach Freedom House zehn Staaten als frei und zwölf Staaten als eingeschränkt frei.

Bundeszentrale für politische Bildung, Bonn (Hg.): Verbreitung demokratischer Staaten, Zugriff unter: http://www.bpb.de/themen/YE585H,0,0,Verbreitung_demokratischer_Staaten.html [01.03.2012]

Aufgaben

1. *Wählen Sie auf einer Weltkarte je zwei Staaten aus Europa, Nord- und Südamerika, Asien und Afrika. Ermitteln Sie bei den von Ihnen ausgewählten Ländern die Art des politischen Systems.*
2. *Welche Indikatoren werden von denjenigen Staaten nicht erfüllt, die von Freedom House als „eingeschränkt frei" eingestuft worden sind?*

← 2.2/2

Schematische Darstellung einer parlamentarischen Demokratie

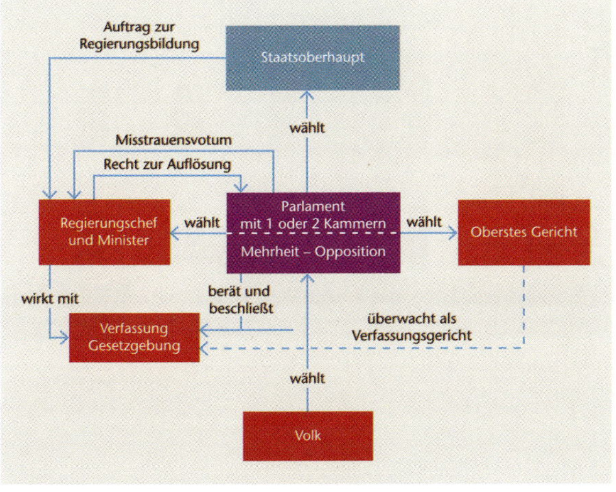

Schubert, Klaus/Klein, Martina: Politiklexikon, 4. Auflage, Bonn, Verlag J. H. W. Dietz, 2006, S. 225

Aufgabe

Erklären Sie anhand des Schaubilds den Aufbau und die Funktionsweise einer parlamentarischen Demokratie.

Die Bundesrepublik Deutschland ist eine parlamentarische Demokratie, in der das Gewaltenteilungsprinzip verwirklicht wird: Die Verfassungsorgane Bundestag und Bundesrat (Legislative), Bundesregierung und Bundespräsident (Exekutive) und Bundesverfassungsgericht (Judikative) kontrollieren sich gegenseitig. Die wahlberechtigte Bevölkerung wählt alle vier Jahre Abgeordnete in den Bundestag (Legislative). Der Regierungschef wird auf Vorschlag des Bundespräsidenten von einer Mehrheit der Bundestagsabgeordneten gewählt. Gemäß der Verfassung ist es in Deutschland möglich, dass mit der Mehrheit des Parlaments durch ein Misstrauensvotum der Bundeskanzler abberufen werden kann. Das unabhängige Bundesverfassungsgericht entscheidet über die Auslegung des Grundgesetzes.

Die präsidentielle Demokratie

In einer präsidentiellen Demokratie, auch Präsidialdemokratie genannt, ist der Präsident Staatsoberhaupt und Regierungschef in einer Person. Genauso wie das Parlament wird er vom Volk in direkten Wahlen gewählt. Das Parlament (Legislative) und der Präsident (Exekutive) sind voneinander unabhängig

Im Verfassungssystem der USA sind Kongress mit Repräsentantenhaus und Senat (Legislative), Präsident (Exekutive) und Oberstes Bundesgericht (Judikative) streng voneinander getrennt. Der Präsident und das Parlament (Kongress) werden in voneinander unabhängigen Wahlen durch das Volk gewählt. Der Kongress (Legislative) und der Präsident (Exekutive) sind voneinander völlig unabhängig (**Gewaltentrennung**). Der Präsident kann demnach nicht dem Parlament angehören. Das Parlament kann gegenüber dem Präsidenten auch kein Misstrauensvotum abgeben. Das Staatsoberhaupt kann aber auch das Parlament nicht auflösen.

Das Weiße Haus in Washington, Amtssitz des Präsidenten der Vereinigten Staaten von Amerika

Abberufbarkeit der Regierung im parlamentarischen Regierungssystem

← 2.2/3

Im parlamentarischen Regierungssystem hat das Parlament das Recht und die Pflicht, für eine handlungsfähige Regierung zu sorgen. [...] Ohne das fortgesetzte Vertrauen der Parlamentsmehrheit, ausgedrückt in ihrer Bereitschaft, die amtierende Regierung nicht abzusetzen oder durch eine andere zu ersetzen, gibt es im parlamentarischen Regierungssystem gar keine Regierung.

Die Abberufbarkeit des Premierministers oder Kanzlers und faktisch zumeist indirekt auch seines Kabinetts durch das Parlament, genauer: durch die Parlamentsmehrheit, schafft eine besondere Beziehung zwischen Exekutive und Legislative. Die Regierung muss sich ständig der Unterstützung durch „ihre" Mehrheit vergewissern, darf deren Folgebereitschaft nicht überstrapazieren und sollte sich höchstens gelegentlich über deren Willen hinwegsetzen, will sie nicht ihren eigenen Fortbestand gefährden.

Mit diesem Recht der Parlamentsmehrheit geht die Aufgabe einher, ständig über die Funktionsfähigkeit der Regierung zu wachen; scheint diese nicht mehr gewährleistet, obliegt es der Mehrheit, die Exekutive ganz oder teilweise auszutauschen. Es ist das Parlament – und nur das Parlament –, das den Wählern direkte politische Rechenschaft schuldet – auch und gerade für die Qualität der Regierung.

Bundeszentrale für politische Bildung, Bonn (Hg.): Informationen zur politischen Bildung, Heft 295, Bonn, 2007, S. 5 (Auszug)

Aufgaben

1. *Erläutern Sie die Bedeutung des Parlaments im parlamentarischen Regierungssystem am Beispiel der Bundesrepublik Deutschland.*
2. *Was ist das Besondere an der Beziehung zwischen Exekutive und Legislative?*
3. *In welchen konkreten Handlungen zeigt sich, dass das Parlament „dem Wähler" politische Rechenschaft ablegt"?*

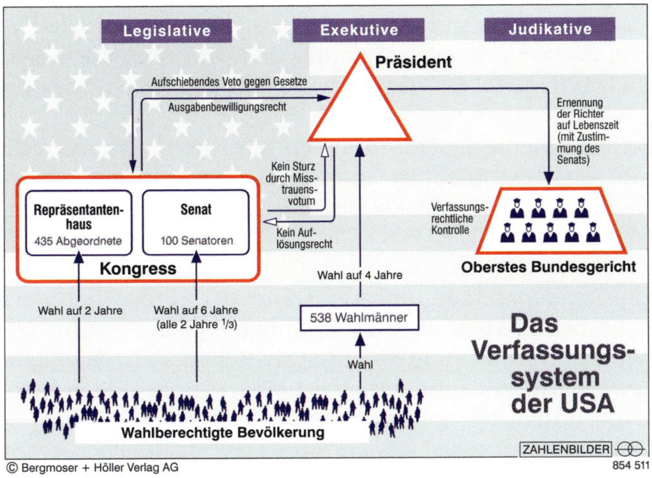

Aufgaben

← 2.2/4

1. *Stellen Sie die Unterschiede im Bereich der Legislative, Exekutive und Judikative zwischen der parlamentarischen (BRD) und der präsidentiellen Demokratie (USA) gegenüber.*
2. *Welche Vor- und Nachteile sehen Sie?*

2.3 Die Konkurrenz- und Konkordanzdemokratie

Demokratien können auch darin unterschieden werden, wie Entscheidungsprozesse und Regierungsstil gestaltet sind.
Es gibt eine Regierungsform, in welcher politische Auseinandersetzungen über ein einfaches Mehrheits-Minderheitsprinzip gelöst werden. In der politischen Realität heißt das: Es gibt eine Partei oder eine Parteiengruppierung, die als Mehrheit mit einer anderen Parteiengruppierung oder Einzelpartei um die richtige Lösung politischer Konflikte wetteifert/konkurriert (**Konkurrenzdemokratie**).
Dies schlägt sich nach Wahlen oder bei Abstimmungen so nieder, dass ein eindeutiges Mehrheitsergebnis bestimmt, welche Partei die Regierungsverantwortung übernimmt, und welche Partei in die Opposition geht.

Sitzordnung im englischen Unterhaus

Am Beispiel des Regierungssystems von Großbritannien lässt sich diese Form des Regierens zeigen.
Das Parlament setzt sich aus dem Oberhaus (House of Lords), dem Unterhaus (House of Commons) und dem Souverän zusammen. Die legislative Gewalt hat allerdings das Unterhaus.
Das Kabinett, bestehend aus dem Premierminister und seinen Ministern, verkörpert die Exekutive und ist dem Unterhaus verantwortlich. Die meisten Gesetzesvorlagen werden von der Regierung ins Unterhaus eingebracht, diskutiert und per Abstimmung verabschiedet.

In der **Konkordanzdemokratie** (lat. concordare = übereinstimmen) werden politische Konflikte über eine breite zu erreichende Mehrheit, Verhandlungen oder Kompromisse zu lösen versucht. Dabei spielt das Vermittlungsverfahren zwischen den beteiligten Gruppierungen (Parteien, Interessengruppen, Minderheiten) eine entscheidende Rolle. Jede Gruppe ist gemäß ihrer Stärke anteilsmäßig in Entscheidungsgremien beteiligt.
In der Schweiz wird dieses Demokratiemodell praktiziert. Das Staatsgebiet ist in 23 souveräne Kantone aufgeteilt. Neben dem gewaltenteiligen Regierungssystem existieren direkte Mitwirkungsrechte des Volkes. Mindestens acht Kantone oder 50 000 Bürger können bewirken, dass über eine Gesetzesvorlage abgestimmt wird. 100 000 Bürger können bewirken, dass durch eine Volksinitiative eine Änderung der Bundesverfassung herbeigeführt wird.

Die Sitzordnung im britischen Unterhaus

← 2.3/1

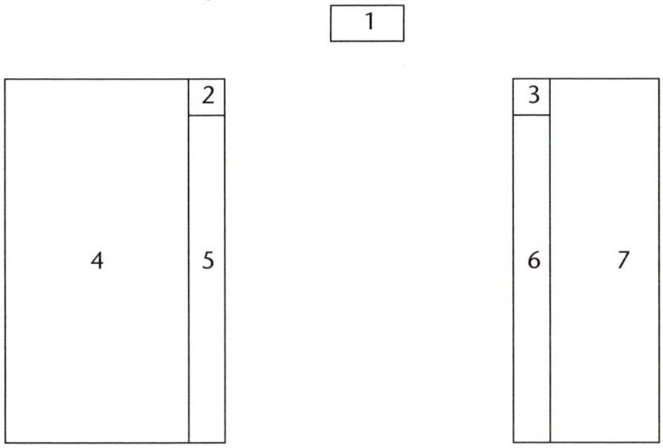

1. Parlamentspräsident (speaker)
2. Premierminister (Regierungschef)
3. Oppositionsführer
4. Abgeordnete der Regierungspartei
5. Mitglieder des Kabinetts (Minister)
6. Mitglieder des Schattenkabinetts
7. Abgeordnete der Oppositionspartei

Aufgaben

1. *Beschreiben Sie anhand des Schaubildes die aktuelle Zusammensetzung des britischen Unterhauses.*
2. *Erläutern Sie das Konkurrenzmodell mithilfe dieser Sitzordnung.*
3. *Welche Vor- und Nachteile sehen Sie in einer Konkurrenzdemokratie?*

← 2.3/2

In der Konkordanzdemokratie sollen [...] alle wichtigen sozialen Kräfte und politischen Gruppen einer Gesellschaft an der Willens- und Entscheidungsbildung beteiligt werden. Konkordanzdemokratien fanden oder finden sich in der Schweiz, in Österreich, in Belgien und den Niederlanden. Ihre Vorteile bestehen in der Integration aller gesellschaftlichen (ethnischen, sprachlichen, kulturellen und religiösen) Gruppen, ihrer Repräsentation auf der politischen Entscheidungsebene und im Schutz von Minderheiten. Nachteile sind im langwierigen Aushandlungsprozess, im hohen Konsensbildungsbedarf und im Entscheidungsergebnis (Kompromiss auf kleinstem gemeinsamen Nenner) zu sehen.
Reine Formen der Konkurrenz- und Konkordanzdemokratie kommen in der politischen Wirklichkeit nicht vor: „Demokratien sind sämtlich von Konkurrenz und Konkordanz bestimmt und unterscheiden sich allein im Mehr oder Weniger an Wettbewerb und Aushandeln", so der Politologe Rainer-Olaf Schultze. Generell lässt sich in allen liberalen Demokratien ein wachsender Stellenwert von Verhandlungssystemen und Konsenslösungen beobachten.

Bundeszentrale für politische Bildung, Bonn (Hg.): Informationen zur politischen Bildung, Heft 284: Demokratie, Bonn, 2004, S. 45

Aufgaben

1. *Nennen Sie anhand konkreter Beispiele „wichtige soziale Kräfte und politische Gruppen einer Gesellschaft".*
2. *Informieren Sie sich, wie diese Kräfte in den genannten Ländern am politischen Entscheidungsprozess beteiligt werden.*
3. *Welches Demokratiemodell kennzeichnet die Bundesrepublik Deutschland? Belegen Sie dies durch Beispiele.*

2.4 Pluralismus als zentrales Merkmal der Demokratie

In einer pluralistischen Gesellschaftsordnung sollen frei gebildete politische, wirtschaftliche, religiöse und andere Interessengruppen untereinander in Konkurrenz stehen und um politischen und gesellschaftlichen Einfluss ringen. Keine der Gruppen darf von der vollziehenden Gewalt (Regierungen und Behörden) in einem Gemeinwesen bevorzugt oder benachteiligt werden. Die einzelnen Gruppen respektieren die unterschiedlichen Meinungen ebenso wie die getroffene Entscheidung des Umworbenen. Der Umworbene soll aus mehreren Meinungsangeboten auswählen können.

Pluralistische Gruppen

Parteien | Vereine | Religionsgemeinschaften

Aufgabe aller organisierter Interessenverbände im staatlichen Bereich ist es, Druck auf Parlament, Regierung und Verwaltung auszuüben, um bei der Gesetzgebung die gesellschaftlichen Interessen geltend zu machen.

Weil in einem pluralistischen Staat unterschiedliche Meinungen erlaubt, ja sogar erwünscht sind, führt dies auch zu Konflikten. Darin liegt aber der Vorteil des Pluralismus: In einem demokratischen Staat sollen die unterschiedlichen Standpunkte in einen Wettstreit treten, sie sollen miteinander konkurrieren. Die Spielregeln dieses Konkurrenzkampfes liegen im Wesen der Demokratie:

- Die **Vereinigungs- und Koalitionsfreiheit** ermöglicht eine Vielzahl von Vereinen und Verbänden. Dadurch entsteht eine pluralistische Gesellschaft.
- **Meinungs-, Presse- und Religionsfreiheit** gewährleisten eine Vielfalt unterschiedlicher Vorstellungen und die freie Religionsausübung.
- Das **Mehrparteiensystem** ermöglicht es dem Bürger, seine Meinung politisch zu bündeln und durchzusetzen.

← 2.4/1

Die Struktur des Pluralismus

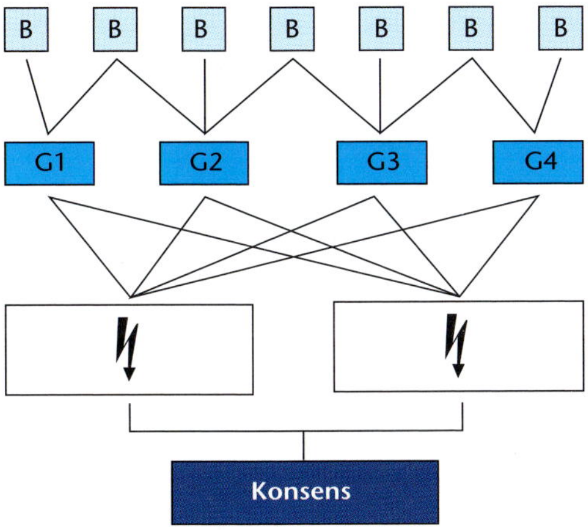

Die Bürger haben ihre eigenen Interessen, die sie aber alleine nur schwer durchsetzen können.

Mit Gleichgesinnten organisieren sie sich deshalb in verschiedenen Gruppen.

Die einzelnen Gruppen treten in Konkurrenz zueinander und es kommt zu Konflikten.

Durch Kompromisse der einzelnen Gruppen kommt es zu einem Ausgleich der Interessen (Konsens).

Aufgaben

1. *Erklären Sie anhand konkreter Beispiele die Entscheidungsfindung in einer pluralistischen Gesellschaft.*
2. *Gibt es Alternativen zur angestrebten Konsensfindung?*

← 2.4/2

Pluralistische Demokratietheorie

Ein richtig verstandener Pluralismus schließt die Erkenntnis ein, dass auch in der heterogensten Gesellschaft stets neben dem kontroversen auch ein nicht-kontroverser Sektor des gesellschaftlichen Lebens besteht. Ein richtig verstandener Pluralismus ist sich der Tatsache bewusst, dass das Mit- und Nebeneinander der Gruppen nur dann zur Begründung eines a posteriori-Gemeinwohls[1] zu führen vermag, wenn die Spielregeln des politischen Wettbewerbs mit Fairness gehandhabt werden, wenn die Rechtsnormen, die den politischen Willensbildungsprozess regeln, unverbrüchlich eingehalten werden, und wenn die Grundprinzipien gesitteten menschlichen Zusammenlebens uneingeschränkt respektiert werden, die als regulative Idee den Anspruch auf universale Geltung zu erheben vermögen.

Fraenkel, Ernst: Möglichkeiten und Grenzen politischer Mitarbeit der Bürger in einer modernen parlamentarischen Demokratie, in: Massing, Peter/Breit, Gotthard (Hg.): Demokratie-Theorien, Schwalbach/Ts., Wochenschau Verlag, 2002, S. 215 f.

Aufgaben

1. *Definieren Sie den Begriff „Pluralismus“ nach Fraenkel.*
2. *Verwenden Sie die folgenden Schlüsselwörter, um Fraenkels Demokratie-Theorie in der Praxis zu erläutern:* Spielregeln des politischen Wettbewerbs, Rechtsnormen, Grundprinzipien gesitteten menschlichen Zusammenlebens.

---

[1] *a posteriori-Gemeinwohl: hier: Das Gemeinwohl kann nicht im Voraus bestimmt werden, sondern erst dann, wenn die verschiedenen Interessengruppen ihre Vorstellungen kundgetan haben.*

2.5 Verfassungsrechtliche Prinzipien einer Demokratie

Die Verfassung ist die politische und rechtliche Grundordnung eines Staates. In ihr ist die Gesamtheit der Rechtsnormen, d. h. alle Vorschriften und Regeln, festgelegt. Die Verfassung der Bundesrepublik Deutschland ist das Grundgesetz.

Verfassungsinhalte

Bestandteile einer Verfassung

- Grundsätze des politischen Lebens und Handelns
- Rechtsstellung der Bürger mit ihren Grundrechten und Pflichten
- Einrichtung und Aufgaben der obersten Staatsorgane
- • Grundordnung des Staates und
• Staats- und Regierungsform

Die Umsetzung demokratischer Grundrechte

Die Voraussetzungen einer demokratischen Werteordnung sind die **Grundrechte**, die in der Verfassung festgehalten sind. Bei den Grundrechten unterscheidet man zwischen

- **Menschenrechten**, die jedem Menschen zustehen,
- **Bürgerrechten**, Mitwirkungsrechten, die an die deutsche Staatsbürgerschaft gebunden sind,
- **Freiheitsrechten** gegenüber dem Staat und seinen Organen,
- **Gleichheitsrechten**, die die rechtliche Gleichheit der Menschen sichern.

Die Umsetzung demokratischer Grundsätze ist in den Grundrechten des Grundgesetzes verwirklicht:

Freiheitsrechte	Gleichheitsrechte	Unverletzlichkeitsrechte	Soziale Grundrechte
schützen die Selbstverwirklichung des Menschen nach seinen Vorstellungen	verpflichten die Staatsgewalt, alle Menschen als gleichwertige Personen zu behandeln	schützen das Recht auf Privat- und Intimsphäre	schützen die private Lebensgestaltung
▪ freie Entfaltung der Persönlichkeit ▪ Glaubens- und Gewissensfreiheit ▪ Meinungs-, Informations- und Pressefreiheit ▪ Freiheit von Kunst, Forschung, Wissenschaft und Lehre ▪ Petitionsrecht	▪ Gleichheit aller Menschen vor dem Gesetz ▪ Gleichberechtigung von Mann und Frau ▪ Chancengleichheit	▪ Recht auf Leben und körperliche Unversehrtheit ▪ Unverletzlichkeit des Brief-, Post- und Fernmeldegeheimnisses ▪ Gewährleistung von Eigentum	▪ Schutz von Ehe und Familie ▪ Erziehungsrecht der Eltern als deren natürliches Recht ▪ Anspruch jeder Mutter auf Schutz und Fürsorge durch die Gemeinschaft ▪ Recht zur Errichtung privater Schulen ▪ Koalitionsfreiheit ▪ Asylrecht

Grundrechte und Demokratie

← 2.5/1

[...] Für unser heutiges Verständnis von Demokratie bilden Grundrechte und Demokratie aber keinen Widerspruch – im Gegenteil: Gerade die Grundrechte sichern die Demokratie. Zum einen weil sie, zusammen mit Staatsprinzipien wie Rechtsstaatlichkeit und Gewaltenteilung, eine unumschränkte Diktatur der Mehrheit verhindern und damit nach unserem Verständnis die Staatsform erst legitimieren. Zum anderen aber, weil Demokratie ohne Grundrechte kaum funktionieren würde. Demokratie ist kein Ergebnis, sondern ein Prozess. [...] Vor allem aber gehören die Grundrechte zum Menschenbild der Demokratie: Der einzelne Mensch ist Träger von Rechten, mit denen er an der Gemeinschaft teilnimmt. Oder anders gesagt: Nur eine Gemeinschaft, in welcher der Einzelne selbstbestimmt leben kann, kann sich insgesamt selbst bestimmen. [...] Damit ist aber auch [...] beantwortet, ob die Demokratie selbst nicht die Grundrechte gefährden kann. Theoretisch, verstanden als bloße Herrschaft der Mehrheit, kann sie das durchaus. Unter anderem deshalb aber sind die modernen Demokratien differenzierter, sehen Minderheitenrechte ebenso vor wie die – abstrakt auch in anderen Systemen denkbare – Gewaltenteilung und Rechtsstaatlichkeit zu ihrer Sicherung.

Geuther, Gudula: Grundrechte und Demokratie, in: Bundeszentrale für politische Bildung, Informationen zur politischen Bildung, Heft 305: Grundrechte, Bonn, 2009, S. 13

Aufgaben

1. *Zeigen Sie anhand konkreter Grundrechte, wie diese die Demokratie sichern.*
2. *Belegen Sie anhand von Beispielen, dass „Demokratie kein Ergebnis, sondern ein Prozess" ist.*
3. *Sammeln Sie Pro und Kontra zu der Aussage: „Demokratie gefährdet die Grundrechte".*

← 2.5/2

§ Grundrechte in der Verfassung der Bundesrepublik Deutschland

Art. 1: Schutz der Menschenwürde
Art. 2: Freiheit der Person
Art. 3: Gleichheit vor dem Gesetz
Art. 4: Glaubens- und Gewissensfreiheit
Art. 5: Freie Meinungsäußerung
Art. 6: Schutz der Ehe und Familie
Art. 7: Staatliche Schulaufsicht, Elternrechte
Art. 8: Versammlungsfreiheit
Art. 10: Brief- und Postgeheimnis
Art. 11: Recht der Freizügigkeit
Art. 12: Freie Berufswahl
Art. 13: Unverletzlichkeit der Wohnung
Art. 14: Gewährleistung des Eigentums
Art. 15: Überführung in Gemeineigentum
Art. 16: Staatsangehörigkeit
Art. 17: Petitionsrecht
Art. 18: Verwirkung der Grundrechte
Art. 19: Einschränkung der Grundrechte
Art. 20: Widerstandsrecht
Art. 33: Gleicher Zugang zu öffentlichen Ämtern
Art. 38: Wahlrecht
Art. 101: Recht auf den gesetzlichen Richter
Art. 103: Anspruch auf rechtliches Gehör vor Gericht
Art. 104: Rechtsgarantien bei Freiheitsentziehung

Aufgaben

1. *Ordnen Sie diesen Grundrechtskatalog in Freiheits-, Gleichheits-, Unverletzlichkeits- und soziale Grundrechte (vgl. Tabelle auf S. 44).*
2. *Ermitteln Sie mithilfe des Grundgesetz-Textes, an welchen sprachlichen Formulierungen man erkennen kann, ob ein Grundrecht ein Menschenrecht oder ein Bürgerrecht ist.*

Verfassungsgrundsätze des Grundgesetzes

Die Grundlagen staatlicher Ordnung in der Bundesrepublik Deutschland werden in Artikel 20 des Grundgesetzes festgelegt. Neben dem wichtigsten Grundsatz der garantierten Menschenwürde (Art. 1 GG) bildet er das Kernstück der Verfassung.

Am 8. Mai 1949 stimmten 53 gegen 12 Abgeordnete des Parlamentarischen Rates für die Annahme des Grundgesetzes. Die Gegner (links) blieben demonstrativ sitzen.

§ **Artikel 20 Grundgesetz (GG)**

(1) Die Bundesrepublik Deutschland ist ein demokratischer und sozialer Bundesstaat.
(2) Alle Staatsgewalt geht vom Volke aus. Sie wird vom Volke in Wahlen und Abstimmungen und durch besondere Organe der Gesetzgebung, der vollziehenden Gewalt und der Rechtsprechung ausgeübt.
(3) Die Gesetzgebung ist an die verfassungsmäßige Ordnung, die vollziehende Gewalt und die Rechtsprechung sind an Gesetz und Recht gebunden.
(4) Gegen jeden, der es unternimmt, diese Ordnung zu beseitigen, haben alle Deutschen das Recht zum Widerstand, wenn andere Abhilfe nicht möglich ist.

Der Artikel 20 GG enthält demnach Grundentscheidungen, und zwar

1. für den Bundesstaat,
2. für die Republik,
3. für die Demokratie,
4. für den Sozialstaat,
5. für die Gewaltenteilung,
6. für den Rechtsstaat,
7. für das Widerstandsrecht.

Die Bedeutung der folgenden Grundentscheidungen soll nun genauer untersucht werden.

Bundesstaatlichkeit

§ „Die Bundesrepublik Deutschland ist ein demokratischer und sozialer Bundesstaat." (Artikel 20, Absatz 1, GG)

Der parlamentarische Rat entschied sich für einen Staatsaufbau nach dem föderalistischen Prinzip (Föderalismus). Das heißt: Mehrere Bundesländer haben sich zu einem Bundesstaat zusammengeschlossen. Die Aufgaben und Zuständigkeiten sind dabei auf Bund und Länder verteilt.

Aufgaben

← 2.5/3

1. *Beschreiben und erläutern Sie diese Karikatur. Beachten Sie dabei auch den Titel.*
2. *Informieren Sie sich über den Stand der „Föderalismusreform". Halten Sie deren wesentliche Ergebnisse in einem Thesenpapier fest.*

Pro und Kontra Föderalismus

← 2.5/4

Was spricht gegen den Bundesstaat?	Was spricht für den Bundesstaat?
▪ Der Bundesstaat ist zu kompliziert. Der Entscheidungsprozess ist schwerfällig. Bund und Länder müssen langwierige Verhandlungen führen, bis es endlich zu Entscheidungen kommt, die oft nur mühsame Kompromisse darstellen. ▪ Der Bundesstaat ist unübersichtlich. Das Zusammenwirken im kooperativen Föderalismus mit den vielen formellen und informellen Gremien verwischt die klare Abgrenzung der Kompetenzen und macht Entscheidungsprozesse undurchschaubar. ▪ Der Bundesstaat hat unterschiedliche Lebensverhältnisse zur Folge. Diese Situation kann für die betroffenen Bürger ungünstig sein, etwa, wenn verschiedene Schulsysteme bei einem Wohnortwechsel nachteilig für die Kinder sind. ▪ Der Bundesstaat kostet zu viel Geld. 16 (Landes-)Regierungen, Parlamente und Verwaltungen sind teurer als die entsprechenden Organe in einem Einheitsstaat.	▪ Der Bundesstaat beschränkt die Machtkonzentration im Zentralstaat. […] Im föderalistischen System sind die staatlichen Aufgaben zwischen Bund und Ländern aufgeteilt. ▪ Der Bundesstaat ermöglicht mehr politische Beteiligung. Die Wähler können von ihrem Stimmrecht doppelt Gebrauch machen, nicht nur alle vier Jahre bei der Wahl zum Bundesparlament, sondern auch bei der Wahl zum Landesparlament. ▪ Der Bundesstaat mit seiner Gliederung in kleinere überschaubarere Einheiten sichert mehr Bürgernähe. Das politische Engagement der Bürgerinnen und Bürger wird erleichtert, und ihre Interessen werden wirksamer wahrgenommen, wenn nicht alles von einer fernen Zentrale bestimmt wird sondern wenn Entscheidungen von Politikern und Verwaltung getroffen werden, […].

Plötzsch, Horst: Die deutsche Demokratie, hrsg. von der Bundeszentrale für politische Bildung, 5. aktualisierte und überarbeitete Auflage, Bonn, 2009, S. 22 (gekürzt)

Aufgaben

1. *Suchen Sie zu jedem Pro- und Kontra-Argument ein konkretes politisches Beispiel.*
2. *Begründen Sie in einer persönlichen Stellungnahme, warum Sie für oder gegen das föderative System der Bundesrepublik Deutschland sind.*

Sozialstaatlichkeit

> § „Die Bundesrepublik Deutschland ist ein demokratischer und sozialer Bundesstaat.“ (Artikel 20, Abs. I, GG)

Die Entscheidung für den Sozialstaat bringt der Artikel 20 GG lediglich durch das Eigenschaftswort „sozial“ zum Ausdruck, ohne näher zu erläutern, was darunter zu verstehen ist. Die Entscheidung gilt zunächst als Forderung und Gebot an den Gesetzgeber, sie mit Inhalten zu füllen. Diese Zurückhaltung hat ihren Grund darin, dass das Sozialstaatsprinzip in einem Spannungsverhältnis zum Rechtsstaatsprinzip steht.

- Rechtsstaatlichkeit bedeutet auch Begrenzung staatlicher Macht und Zurückhaltung des Staates bei der Einflussnahme gegenüber dem Einzelnen.
- Sozialstaatlichkeit hingegen gebietet das gestaltende Eingreifen des Staates in die sozialen Verhältnisse des Einzelnen und der Gesellschaft.

Damit ermöglicht der Gesetzgeber den Parteien und dem Parlament, die Sozialstaatlichkeit – entsprechend der aktuellen Entwicklung in einem Staat – immer neu zu deuten und sie im Wege der Gesetzgebung mit konkreten Zielen und Inhalten auszufüllen. In der politischen Praxis ergeben sich daraus natürlich Auseinandersetzungen um die Fragen, was unter Sozialstaat zu verstehen ist und wie er gestaltet werden kann.

Allgemein bewirkt die Entscheidung für den Sozialstaat die Verpflichtung des Staates, soziale Gerechtigkeit zu einem leitenden Grundsatz staatlicher Maßnahmen zu machen und die sozialen Verhältnisse aktiv mitzugestalten.

Rechtsstaatlichkeit

> § „Die Gesetzgebung ist an die verfassungsmäßige Ordnung, die vollziehende Gewalt und Rechtsprechung sind an Gesetz und Recht gebunden.“
> (Artikel 20, Absatz 3, GG)

Unter Rechtsstaatlichkeit versteht man:
- die Garantie der persönlichen Freiheit,
- die dem Staat auferlegte Mäßigung und Zurückhaltung bei seinen Entscheidungen und Handlungen,
- die Bindung staatlicher Gewalt an die Verfassung sowie an Recht und Gesetz.

Die wesentlichen Merkmale und Aufgaben des Rechtsstaates sind:
- die Freiheitssicherung: durch Garantie und Achtung der Grundrechte,
- die Rechtssicherheit: durch Achtung der Gesetze, die die Folgen persönlichen Handelns vorhersehbar machen,
- die Rechtsgleichheit: durch die Gleichstellung und Gleichbehandlung aller Bürger bei der Durchsetzung ihrer Rechtsansprüche,
- die Unabhängigkeit der Gerichte: durch unabhängige Stellung der Richter und Verwirklichung des Prinzips der Gewaltenteilung,
- die Gerechtigkeit: durch Einbindung des Rechts und der Gesetze in die übergeordnete Wertentscheidung für die Achtung der Menschenwürde und der Menschenrechte.

Sozialstaat

Verfassungsauslegung und einfache Gesetzgebung folgen der Überzeugung, dass Menschenwürde, freie Entfaltung oder Persönlichkeit und Gleichheit nicht allein durch rechtsstaatliche Garantien gegen Staatseingriffe geschützt werden müssen; sie bedürfen vielmehr zu ihrer Verwirklichung auch der sozialen Sicherheit des Einzelnen. So wird das sozialstaatliche Element der Verfassung auch als Sozialpflicht des Staates verstanden. Der Staat hat soziale Gerechtigkeit im Sinne einer gerechten Sozialordnung zu verwirklichen und für einen Ausgleich der sozialen Gegensätze zu sorgen. Bei der Auslegung des Rechts kommt dem sozialstaatlichen Element erhebliche Bedeutung zu. Es enthält zugleich eine Garantie für den Bestand der Grundzüge des Systems der sozialen Sicherheit, vor allem von Sozialversicherung, Sozialhilfe und Arbeitsschutz. ← 2.5/5

Heide, Wolfgang/Ziller, Gebhard: Legislative, Exekutive, Rechtsprechung, Troisdorf, Bildungsverlag EINS, 2003, S. 7

Aufgaben

1. *Erklären Sie, warum das sozialstaatliche Element der Verfassung auch als Sozialpflicht des Staates verstanden wird.*
2. *Welche Aufgabe fällt dem Staat dabei zu?*
3. *Nennen Sie Gesetze, die die soziale Sicherung garantieren sollen.*

← 2.5/6

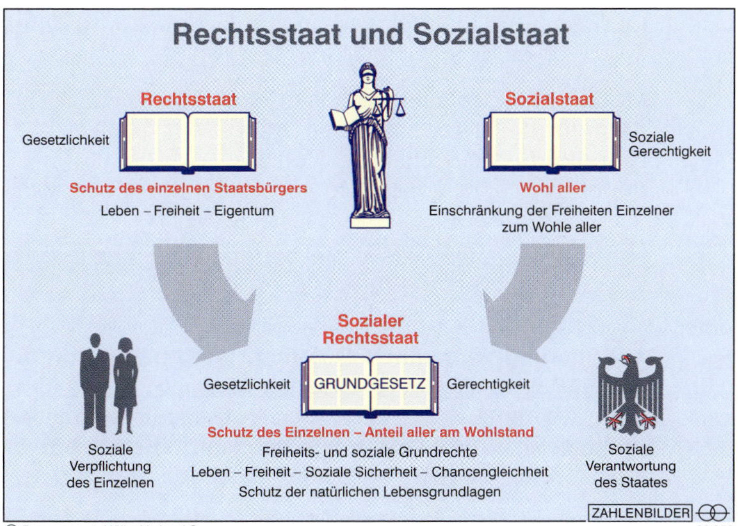

Aufgabe

Erläutern Sie das oben stehende Schaubild.

Wichtiges Wissen

Grundlagen demokratischer Ordnungen

Demokratie (Merkmale)	Herrschaft des Volkes ▪ Volkssouveränität ▪ freie Wahlen ▪ Gewaltenteilung ▪ Rechtsstaatlichkeit ▪ Minderheitenschutz
Verfassungsrechtliche Prinzipien	Grundsätze des politischen Lebens und Handelns ▪ Rechtsstellung der Bürger ▪ Stellung der obersten Staatsorgane ▪ Grundordnung des Staates (Staats- und Regierungssystem)
Verfassungsrechtliche Grundsätze	▪ Bundesstaatlichkeit ▪ Rechtsstaatlichkeit ▪ Sozialstaatlichkeit
Regierungsformen:	
▪ Konkurrenzdemokratie	Konflikte werden mithilfe einfacher Mehrheitsregelungen gelöst.
▪ Konkordanzdemokratie	Konflikte werden durch Verhandlungen und Kompromisse gelöst.
Staatsformen (Auswahl)	**Monarchie:** erbliche Herrschaft eines Einzelnen **Aristokratie:** Herrschaft einer Gruppe von Adeligen **Demokratie:** Herrschaft des Volkes **Republik:** Staat, der nicht von einem König oder Kaiser regiert wird **Diktatur:** uneingeschränkte Herrschaft einer Person oder einer Gruppe von Personen
Regierungssysteme:	
▪ parlamentarisches	▪ Regierung wird durch Parlamentsmehrheit bestimmt und ist vom Vertrauen des Parlaments abhängig
▪ präsidentielles	▪ Regierungschef/Präsident und Parlament werden vom Volk direkt gewählt; Regierungschef kann nicht vom Parlament abberufen werden
Pluralismus	politische Ordnung, die auf der Anerkennung verschiedener unterschiedlicher Meinungen und Gruppierungen beruht

Fragen

1. *Grenzen Sie die Begriffe „staatliche Macht" und „staatliche Herrschaft" voneinander ab.*
2. *Definieren Sie die unten genannten Staatsformen und nennen Sie je ein konkretes Länderbeispiel dazu:*
   - *Aristokratie,*
   - *Demokratie,*
   - *Monarchie,*
   - *Diktatur.*
3. *Welche grundlegenden Merkmale kennzeichnen eine Demokratie?*
4. *Grenzen Sie die parlamentarische von der präsidentiellen Demokratie ab.*
5. *Weisen Sie nach, dass in der Bundesrepublik Deutschland das Prinzip der Gewaltenteilung verwirklicht ist.*
6. *Erklären Sie den Begriff „Gewaltenverschränkung" an einem konkreten Beispiel.*
7. *Welche Unterschiede bestehen zwischen der präsidentiellen und der parlamentarischen Demokratie?*
8. *Stellen Sie die Vor- und Nachteile der Konkurrenz- und der Konkordanzdemokratie in einer Tabelle zusammen.*
9. *Zeigen Sie an einem selbst gewählten Beispiel die Struktur und Funktionsweise eines pluralistischen Systems.*
10. *Grenzen Sie Menschen-, Bürger-, Freiheits- und Gleichheitsrechte voneinander ab.*
11. *Wählen Sie fünf Grundrechte aus dem Grundgesetz aus und zeigen Sie deren Umsetzung in der Praxis.*
12. *Aus Artikel 20 GG kann man sieben Grundentscheidungen ableiten. Nennen und erklären Sie diese.*
13. *Welche Vor- und Nachteile hat ein föderalistisches System?*
14. *Welche Probleme sind in den letzten Jahren mit dem Sozialstaatsprinzip verbunden?*

3 Akzeptanzprobleme im demokratischen System

Die Bevölkerungszahlen der meisten Staaten und die Vielschichtigkeit der politischen Probleme erlauben es in der Regel dem Einzelbürger nicht mehr, an politischen Entscheidungen unmittelbar teilzunehmen. Selbst in einer parlamentarischen Demokratie, in der alle Staatsgewalt vom Volk ausgeht, können Bürger sich zur Durchsetzung ihrer politischen Interessen nur politisch organisieren und sich eines Mittlers (= Abgeordneten) bedienen. Diese Funktion können Parteien am wirksamsten wahrnehmen, denn sie müssen nach demokratischen Grundsätzen organisiert sein und arbeiten. Deshalb wird das politische System der Bundesrepublik Deutschland auch als Parteiendemokratie bezeichnet.

Durch Parteien haben die Bürger folgende Möglichkeiten der politischen Einwirkung:

- Sie haben die Möglichkeit, politische Ziele durchzusetzen.
- Sie können eine Machtkonzentration zugunsten einer bestimmten Partei verhindern, weil sich unterschiedliche Parteien um die Gunst der Bürger bemühen.
- Sie haben die Möglichkeit, die Träger der Staatsgewalt zu kontrollieren und dem Bürgerwillen Geltung zu verschaffen.
- Sie können durch die von ihnen gewählten Vertreter im Parlament Einfluss nehmen auf die Einsetzung und Abberufung verantwortlicher Politiker/-innen.

3.1 Neuere Entwicklungen in der Parteiendemokratie

In den letzten Jahren ist allerdings bei Teilen der Bevölkerung eine Entwicklung eingetreten, in deren Verlauf das Vertrauen in die Parteien, die Politiker bzw. in das ganze Themenfeld Politik infrage gestellt wird. Die Gründe für diese Politikverdrossenheit, die auch zu einem Rückgang der Mitgliederzahlen in den einzelnen Parteien geführt hat, sind vielfältig:

- Oft hat es den Anschein, dass Parteien und Politiker in Skandale verwickelt sind.
- Statt demokratische Entscheidungen vorzuleben, scheint es innerhalb der Parteien nur um Machterhalt zu gehen.
- Parteien scheinen untereinander völlig zerstritten zu sein; ihnen wird auch deshalb nicht mehr zugetraut, anstehende Aufgaben bewältigen zu können.
- Es gibt keine klaren und für die Bürger erkennbaren Unterschiede mehr in den politischen Richtungen der einzelnen Parteien.

Felix Mussil

Aufgaben

← 3/1

1. *Erklären Sie den Sachverhalt, der mit dieser Karikatur angesprochen wird.*
2. *Formulieren Sie zu diesem Bild eine aussagekräftige Überschrift.*

Parteien im Meinungsstreit

← 3.1/1

Parteien und Politiker sind in Deutschland, und nicht nur dort, einer manchmal maßlosen Kritik ausgesetzt. Die Kritik ist in vielerlei Hinsicht gerechtfertigt. Es gab in den letzten Jahren in einigen Fällen Beispiele von skandalösem Fehlverhalten, dessen sich Politiker schuldig gemacht haben: Auch die Art und Weise der – inzwischen vom Bundesverfassungsgericht korrigierten – Parteienfinanzierung und die von den Parteien häufig betriebene Ämterpatronage sind kritikwürdig. Ebenso lassen sich gegen manche Formen des Wahlkampfes und der Wahlwerbung begründete Einwände erheben. Die Kritik ist überzogen und ungerechtfertigt, wenn sie verallgemeinert, die Parteien und die Politiker pauschal unter Verdacht stellt. Oft beruht sie auf Vorurteilen oder Unwissen, etwa wenn sie die Arbeitsbelastung von Politikern weit unterschätzt und ihre finanzielle Entschädigung ebenso überschätzt.

Plötzsch, Horst: Die deutsche Demokratie, Bundeszentrale für politische Bildung, Bonn, 2009, S. 40

Aufgaben

Recherchieren Sie die durch den oben stehenden Text aufgeworfenen Fragen:

a) Welche Beispiele von „skandalösem Fehlverhalten" könnten hier gemeint sein?

b) Welche Entscheidung hat das Bundesverfassungsgericht zur Parteienfinanzierung getroffen?

c) Was ist mit dem Begriff „Ämterpatronage" im Zusammenhang mit Parteien gemeint?

d) Welche Einwände gibt es gegen manche „Formen des Wahlkampfes und der Wahlwerbung"?

e) Welche tägliche Arbeitsbelastung hat ein Politiker Ihres Wahlkreises?

f) Wie hoch ist die finanzielle Entschädigung eines Kommunal-, Landes- und Bundespolitikers?

3.2 Politikverdrossenheit

Die Auswirkungen der Politikverdrossenheit lassen sich jetzt schon erkennen.

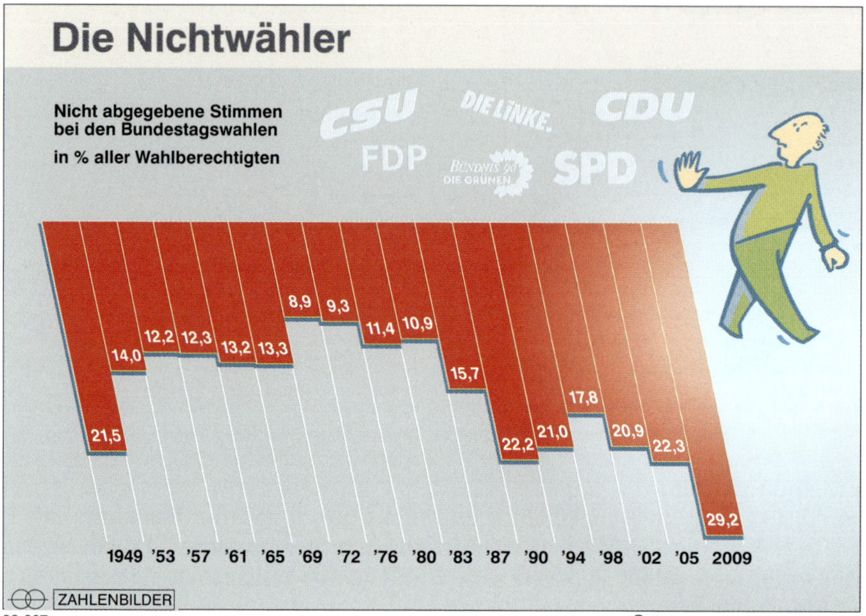

88 607 © Bergmoser + Höller Verlag AG

- Politiker und Parteien müssen sich immer stärker mit ihrem schlechten Image auseinandersetzen, das sie bei den Bürgern haben.
- Die Zustimmung zu Parolen rechter Parteien nimmt immer dann zu, wenn politische Probleme (z. B. Wirtschaftskrisen) nicht mehr national gelöst werden können. Dies zeigt sich oft bei der Stimmabgabe von Protestwählern zugunsten rechter Parteien.
- Die Beteiligung bei Wahlen auf Bund-, Länder- und Gemeindeebene nimmt immer mehr ab (vgl. Grafik). Sie ist zwar im internationalen Vergleich relativ hoch, aber Wählen hat offensichtlich in Deutschland nicht mehr die Bedeutung einer demokratischen Pflicht, die es zu wahrzunehmen gilt.

Bei den Landtagswahlen 2011 in Rheinland-Pfalz lag die Wahlbeteiligung bei 61,8 %; bei den Bundestagswahlen 2009 lag sie noch bei 70,7 %.

Die Verantwortlichen suchen deshalb nach Möglichkeiten, der vorherrschenden Stimmung politischer Unzufriedenheit konstruktiv zu begegnen. So wird zum einen versucht, den politischen Einfluss von Parteien zu beschränken und auch ihre Entscheidungsfindung durchsichtiger zu machen. Zum anderen soll der Bürger direkter an der politischen Willensbildung beteiligt werden. Diskutiert wird z. B. eine größere Einflussnahme der Bürger bei der Kandidatenaufstellung für Wahlen. Ebenso sollen Jugendliche stärker in das politische Geschehen einbezogen werden, indem das Wahlalter – zunächst bei Kommunalwahlen – auf 16 Jahre herabgesetzt wird.
Tatsache ist jedoch auch, dass schon heute die Möglichkeiten, auf politische Entscheidungen Einfluss zu nehmen, vielfältiger sind, als viele Bürger vermuten.
Das Wissen darüber, was für jeden Bürger heute politisch machbar ist, setzt allerdings entsprechende Informationen voraus.

← 3.2/1

Parteienverdrossenheit

P.[arteienverdrossenheit] wird häufig synonym gebraucht mit Schlagworten wie Politiker- und Politikverdrossenheit, die Assoziation mit Demokratieverdrossenheit liegt nahe. Will man dieses bundesrepublikanische Modewort der 1990er Jahre jedoch begrifflich präzis verwenden, sollten zwei Ebenen unterschieden werden: (1) die pauschale, häufig vorurteilsgeladene Verurteilung von Parteien seitens der Bürger; (2) die zunehmende bzw. klar erkennbare Entfernung, Distanz und Distanzierung der Bürger von den Parteien. [...]

Gründe für P. sind vielschichtig. Nur oberflächlich sind Parteifinanzierungsskandale, Filz und Korruption verantwortlich zu machen. Tieferliegend erweist sich, dass Parteien Funktionsdefizite aufweisen, nämlich Schwierigkeiten haben, zwischen Gesellschaft und politischem System zu vermitteln, divergierende Interessen in sich zu aggregieren und zu fokussieren und auf diese Weise politische Legitimation zu schaffen. Die Ursachen hierfür liegen wiederum in bestimmten gesellschaftlichen und ökonomischen Veränderungen, so in der Heterogenisierung der Lebensstile, Individualisierungsschüben, neuem „antiinstitutionellem" Organisationsverhalten von Jungbürgern, vor allem in der Europäisierung und Internationalisierung der Politik sowie dem, was weltwirtschaftlich unter dem Stichwort Globalisierung gefasst wird. Zunehmende Komplexität anstehender politischer Probleme korrespondiert mit nachlassender Problemlösungskompetenz von Parteien, Regierungen und Politikern, was angesichts steigender Erwartungen in diese auf Seiten der Wähler wiederum P. wachsen lässt.

Nohlen, Dieter/Grotz, Florian (Hg.): Kleines Lexikon der Politik, 5. überarbeitete Auflage, München, C. H. Beck, 2011, S. 395

Aufgaben

1. *Klären Sie die Ihnen unbekannten Begriffe im oben stehenden Text.*
2. *Halten Sie in einer Tabelle Gründe für die Parteienverdrossenheit in der Bundesrepublik Deutschland fest, und suchen Sie zu jedem Punkt einen Lösungsvorschlag.*

3.3 Gefahren für die Demokratie

Wenn die Identifikation mit dem politischen System abnimmt und zusätzlich gesellschaftliche und wirtschaftliche Probleme auftreten, wächst die Gefahr der Politikverdrossenheit und der damit verbundenen Radikalisierung der Menschen. In diesem geistigen Milieu verzeichnen extremistische Parteien und Vereinigungen einen verstärkten Zuspruch.

Extremismus

Unter dem politischen Begriff Extremismus versteht man verfassungsfeindliche Aktionen und Bestrebungen gegen die freiheitlich-demokratische Grundordnung. Extremisten wollen demnach das bestehende Gesellschaftssystem ändern – auch unter Anwendung von Gewalt. Je nach politischer Grundüberzeugung spricht man von Rechts- oder Linksextremismus bzw. religiösem Fanatismus, wenn es um die Durchsetzung des islamischen Gottesstaates (Islamismus) geht.

In den letzten Jahren, und verstärkt nach der deutschen Wiedervereinigung im Jahr 1990, ist ein gewalttätiger Rechtsextremismus (auch „Rechtsradikalismus“ genannt) entstanden. Unter den Straftaten, darunter viele Propagandadelikte, werden immer mehr Gewalttaten gegen Menschen mit Migrationshintergrund registriert. Rechtsradikale Jugendliche organisieren sich zumeist in losen Zusammenschlüssen. Ihre Weltanschauung ist von wesentlichen Elementen des Nationalsozialismus geprägt: Antisemitismus, Rassismus, übersteigertes Nationalbewusstsein.
Gerade wenn gesellschaftliche und wirtschaftliche Probleme bestehen, wie z. B. Arbeitslosigkeit und die Frage nach der Integration von Menschen mit Migrationshintergrund, nehmen extremistische Einstellungen und gewalttätige Neigungen in breiten Teilen der Bevölkerung stark zu.
Dem demokratischen Staat wird von Extremisten Versagen vorgeworfen, weil er mit seinen politischen Möglichkeiten die Probleme scheinbar nicht in den Griff bekommt. Als Konsequenz daraus ziehen Links- wie Rechtsextreme den Schluss, dass die Grundprinzipien der Demokratie diese Probleme erst ermöglicht haben und deshalb teilweise abgeschafft werden müssten.

Alle Linksextremisten – trotz unterschiedlicher ideologischer Richtung – verfolgen das Ziel, die bestehende Staats- und Gesellschaftsform der Bundesrepublik Deutschland zu beseitigen. Häufig propagieren sie Klassenkampf und Revolution, um eine sozialistisch-kommunistische Gesellschaft zu errichten.

← 3.3/1

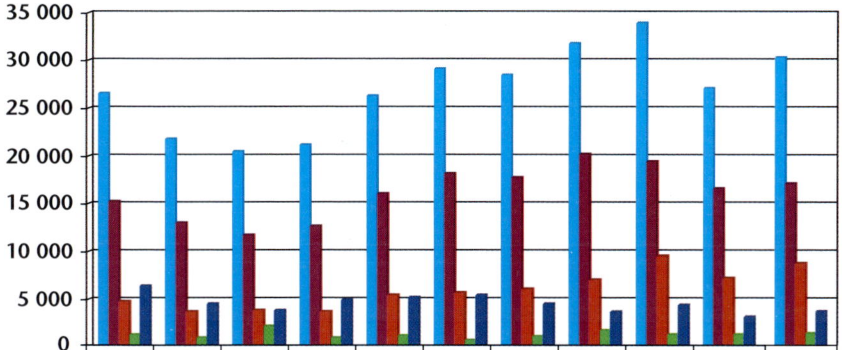

	2001	2002	2003	2004	2005	2006	2007	2008	2009	2010	2011
PMK gesamt	26 520	21 690	20 477	21 178	26 401	29 050	28 538	31 801	33 917	27 180	30 216
PMK.R	14 725	12 933	11 576	12 553	15 914	18 142	17 607	20 422	19 468	16 375	16 873
PMK.L	4 418	3 639	3 614	3 521	4 898	5 363	5 866	6 742	9 375	6 898	8 687
PMAK	1 020	845	1 743	603	771	691	902	1 484	966	917	1 010
PMK. Sonstige	6 357	4 273	3 544	4 501	4 818	4 854	4 163	3 171	4 108	2 990	3 646

Quelle: Bundesministerium des Innern, Pressemitteilung zur Entwicklung der politisch motivierten Kriminalität im Jahr 2011 vom 11. Mai 2012

PMK: politisch motivierte Kriminalität; PMKR: politisch motivierte Kriminalität – rechts

PMKL: politisch motivierte Kriminalität – links; PMAK: politisch motivierte Ausländerkriminalität

Aufgabe

Werten Sie die oben stehende Grafik in einem kurzen Bericht aus.

← 3.3/2

Verpflichtung

Extremismus und Radikalismus auf der Rechten wie auf der Linken mit allen legalen Mitteln zu bekämpfen, bleibt eine vordringliche Aufgabe des Staates. Neonazis oder Linksextremisten zu unterschätzen, wäre fatal. Der früher bisweilen vernommene Vorwurf, deutsche Sicherheitsbehörden seien eher auf dem rechten Auge blind, war nie berechtigt. Eine Aufrechnung, welche Seite denn nun schädlicher oder potenziell gefährlicher sei, erscheint wenig sinnvoll. Klar festzuhalten bleibt allerdings auch: Zwölf Jahre Naziterror, sechs Millionen ermordeter Juden und Abermillionen von Weltkriegstoten machen es zu einer besonderen historischen Verpflichtung, gerade gegen braunes Gesindel entschieden vorzugehen. Dabei sind viele, die ihre Stimme bei Wahlen etwa der NPD geben, eher Opfer. [...] Die NPD ist nicht verboten, aber sie ist de facto keine demokratische Partei.

Breidenbach, Reinhard: Verpflichtung, in: Allgemeine Zeitung Mainz, vom 22.09.2011, S. 2, (Auszug)

Aufgaben

1. *Notieren Sie, welche Thesen der Autor vertritt.*
2. *Erläutern Sie, warum nach Ansicht des Autors „viele, die ihre Stimme bei Wahlen etwa der NPD geben, eher Opfer" sind.*
3. *Nehmen Sie in einer Pro-und-Kontra-Gegenüberstellung zum Verbot extremistischer Parteien Stellung.*

Wichtiges Wissen

Parteiendemokratie	Bezeichnung für eine Demokratieform, die ausdrücken will, dass das politische Leben durch den Parteienwettstreit stark geprägt ist.
Politikverdrossenheit/Parteienverdrossenheit	schwindendes Vertrauen der Bürger in Politik bzw. Politiker und Parteien, Mitgliederschwund in den Parteien und rückläufige Wahlbeteiligung als Ausdruck des Protestes
Extremismus	Ablehnung des Verfassungsstaates mittels Gewalt und Terror → Terrrorismus
▪ **Linksextremismus**	▪ Durch Klassenkampf und Revolution soll eine Gesellschaft nach kommunistischer Ideologie (klassenlose Gesellschaft) errichtet werden.
▪ **Rechtsextremismus**	▪ Weltanschauung, die sich gegen das bestehende System richtet; geprägt durch Elemente des Nationalsozialismus wie Antisemitismus, Rassismus, übersteigertes Nationalbewusstsein.
▪ **religiöser Fanatismus**	▪ teilweise ausgeprägt im Islamismus (aber auch in anderen Religionen); der Gottesstaat steht an höchster Stelle (Gottessouveränität statt Volkssouveränität). Ziel ist die weltweite Durchsetzung eines islamischen Staates.

Fragen

1. *Stellen Sie die unterschiedlichen Möglichkeiten der Bürgerbeteiligung zusammen, und zwar*
   - *auf Kommunalebene,*
   - *auf Landesebene,*
   - *auf Bundesebene.*
2. *Recherchieren Sie, welche Vorschläge der Bürgerbeteiligung Parteien in ihre Programme aufgenommen haben.*
3. *Die Gründe für Parteienverdrossenheit sind sehr allgemein beschrieben worden (vgl. Kap. 3.1 Neuere Entwicklungen in der Parteiendemokratie, S. 54). Ermitteln Sie aktuelle Beispiele, die eine Politikverdrossenheit der Bürger zur Folge haben können.*
4. *Erstellen Sie eine Grafik mit einem kurzen Erläuterungstext über die Wahlbeteiligung in der Bundesrepublik Deutschland bei den beiden letzten*
   - *Kommunal-,*
   - *Landtags-,*
   - *Bundestagswahlen.*
5. *Präsentieren Sie die Ergebnisse zur „Wahlbeteiligung bei Bundestagswahlen im Vergleich zu derjenigen in anderen EU-Staaten". (Achten Sie darauf, dass die Vergleichsfaktoren bei allen Ländern identisch sind.)*
6. *Ermitteln Sie aus dem aktuellen Verfassungsschutzbericht die aktuellen Zahlen und Trends zum Links- und Rechtsextremismus sowie zum religiösen Extremismus (Islamismus).*
7. *Erstellen Sie ein Verzeichnis mit kommentierten Internet-Links zum Thema „Extremismus". Welche Aussagen lassen sich treffen hinsichtlich der Anzahl der entsprechenden Internet-Seiten und des jeweiligen Adressatenkreises?*

4 Demokratiereformen

Wie die vorausgegangenen Kapitel gezeigt haben, unterliegt eine Demokratie einem stetigen Wandel. Natürlich gibt es verschiedene Aspekte und Grundlagen in einer freiheitlich-demokratischen Grundordnung, die auf jeden Fall vorhanden sein müssen (vgl. Kap. 1.3). Auf der anderen Seite muss eine Demokratie aber dem Wandel einer Gesellschaft Rechnung tragen und sich ihr entsprechend anpassen bzw. auf Neuerungen und Herausforderungen reagieren. So haben sich in der Bundesrepublik Deutschland seit ihrer Gründung 1949 bis heute in allen gesellschaftlichen Bereichen gravierende Veränderungen ergeben: Veränderte wirtschaftliche (z. B. Finanzkrise 2010, Euro-Krise), soziale (z. B. hohe Arbeitslosigkeit, neue Armut), technische (Internet, Smartphone), aber auch gesellschaftliche (z. B. Bildung, Medien) Gegebenheiten und Entwicklungen führen dazu, dass immer häufiger auch für das politische System, für die Demokratie, Veränderungen, sprich Reformen, gefordert werden. Dies ist umso mehr der Fall, wenn durch die Politik Entscheidungen getroffen werden, die zahlreiche Bürger nicht mittragen (z. B. Stuttgart 21, ein Verkehrs- und Städtebauprojekt zur Neuordnung des Verkehrsknotenpunktes Stuttgart). Im Folgenden sollen nun einige Vorschläge, wie die Demokratie in Deutschland möglicherweise auf verschiedene Veränderungen reagieren könnte, dargestellt, aber auch kritisch hinterfragt werden.

4.1 Direkte Demokratie

Eine der am häufigsten geäußerten Forderungen ist die nach mehr Einfluss der Bürger auf politische Entscheidungen, also nach einer direkten Demokratie. Dabei muss man folgende Begriffe unterscheiden:

Volksentscheid, d. h., die wahlberechtigten Bürger haben die Möglichkeit, über eine Vorlage (z. B. ein Gesetz) unmittelbar abzustimmen. Die Entscheidung der Bürger, meist gekoppelt an eine festgelegte zu erreichende Mehrheit (z. B. 50 % der Wahlberechtigten), ist in der Regel dann verbindlich.

Volksbegehren (*auch Volksinitiative*), d. h., eine verfassungsgemäß festgelegte Mindestanzahl von Wahlberechtigten kann das Parlament oder die Regierung dazu zwingen, sich mit bestimmten Fragen oder Themen neu auseinanderzusetzen (z. B. gesetzgeberisch tätig zu werden oder einen von den Initiatoren ausgearbeiteten Gesetzesentwurf zur Kenntnis zu nehmen).

Volksbefragung, d. h., die Wahlberechtigten werden zu einer bestimmten (politisch wichtigen) Frage um Rat bzw. Meinungsäußerung gebeten, ohne dass das Ergebnis der Befragung für den Gesetzgeber verbindlich ist.

← 4.1/1

Das ist eben die Schwierigkeit: Wo sind die Unterschiede und was kommt unterm Strick raus?

Mehr direkte Demokratie – wollen wir das wirklich ?!

Aufgaben

1. *Interpretieren Sie die oben abgebildeten Karikaturen.*
2. *Nehmen Sie Stellung zu den Aussagen der Karikaturen.*

Zurzeit wird in der Bundesrepublik Deutschland gestritten, ob eine solche direkte Demokratie auf Bundesebene möglich wäre. Mit Ausnahme von zwei Vorgaben (erstens bei einer Neugliederung des Bundesgebietes nach Art. 29 GG und zweitens bei der Ablösung des Grundgesetzes durch eine neue Verfassung, Art. 146 GG) streiten sich die Fachleute darüber, ob für die Einführung direktdemokratischer Elemente auf Bundesebene das Grundgesetz geändert werden müsste (Zweidrittelmehrheit Bundestag und Bundesrat). Auf Landes- und Kommunalebene ist die direkte Demokratie weitestgehend verankert (sie wird dort oft auch als Bürgerentscheid, Bürgerbegehren und Bürgerbefragung bezeichnet). Grundsätzlich stellt sich aber die Frage, ob diese Formen der direkten Demokratie sinnvoll sind. So gibt es eine Reihe von Argumenten, die für, aber auch gegen eine solche Form sprechen.

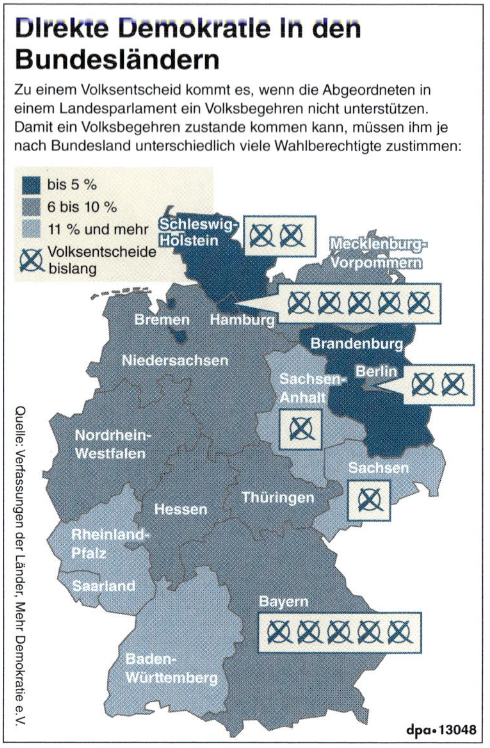

Vorteile der direkten Demokratie

- Bei einer Wahl muss man seine Stimme einer einzigen Partei geben, womit man faktisch für jede einzelne ihrer zukünftigen und zu diesem Zeitpunkt meist noch gar nicht bekannten Entscheidungen stimmt.
- Die Wähler des Wahlverlierers müssen sich nicht für eine ganze Legislaturperiode unvertreten fühlen.
- Die Gründe für politische Entscheidungen müssen dem Bürger vermittelt werden, was zu einer höheren Zufriedenheit und einer höheren Beteiligung der Bürger führt.
- Die Macht der Parteien wird stark begrenzt (z. B. das Brechen von Wahlversprechen).
- Die Bestechung führender Vertreter oder die Ausnutzung persönlicher Beziehungen ist bei der direkten Demokratie wenig wirksam, da nicht plausible Entscheidungen vom Volk einfach aufgehoben werden können.
- Die gegenseitigen Blockademöglichkeiten von Bundestag und Bundesrat wären wegen der Möglichkeit von Volksentscheiden eingeschränkt.

← 4.1/2

Verfahren	VOLKSBEGEHREN Themen mit finanziellen Folgen zulässig?	Unterschriften-quorum	VOLKSENT-SCHEIDE Zustimmungs-quorum einfaches Gesetz	Zustimmungsge-setz verfassungsän-derndes gesetz
Baden-Württemberg	Nein	16,6 %	33 %	50 %
Hamburg	Nein	5 %	20 %	50 % Beteiligung und 2/3 Mehrheit
Hessen	Nein	20 %	Kein Quorum	Nicht möglich
Rheinland-Pfalz	Nein	Ca. 10 %	25 %[1]	50 %
Saarland	Nein	20 %	50 %	Nicht möglich
Sachsen	Nein	Ca.12 %	Kein Quorum	50 %

Eigene Darstellung nach Zahlen von „Mehr Demokratie e. V."

Entscheide mit, im Rahmen einer direkten Demokratie!
So kannst du deine Gesellschaft bestmöglich in deinem Sinne beeinflussen!
www.onlinetechniker.de

Aufgaben

1. *Wie stehen Sie zu der Forderung nach mehr direkter Demokratie? Begründen Sie Ihre Antwort.*
2. *In der Tabelle oben sehen Sie die Möglichkeiten der direkten Beteiligung in den einzelnen Bundesländern (Auswahl). Beurteilen Sie die Regelungen im Hinblick auf die tatsächliche Einflussmöglichkeit auf politische Entscheidungen.*

[1] *Beteiligungsquorum von 25 %*

Nachteile der direkten Demokratie

- Dagegen spricht, dass direkte Demokratien in der Entscheidungsfindung langsamer und teurer sind als repräsentative Demokratien, da es mit dem Volksentscheid mindestens einen zusätzlichen Schritt in der Gesetzgebung gibt.
- Ein weiterer Nachteil ist die Abhängigkeit von den Medien. Erwiesenermaßen können die Medien die Bevölkerungsmeinung stark und schnell beeinflussen, wenn sie ein aktuelles Thema in Form einer Kampagne ausführlich bearbeiten. Ein Beispiel dafür ist die Zustimmung zur Todesstrafe, die besonders dann ansteigt, wenn gerade über einen Sexualverbrecher berichtet wird. In einer direkten Demokratie liegt die Macht deshalb zum großen Teil bei den Medien, die allerdings oft nicht nur das Wohl der Bevölkerung im Auge haben.
- Die Bürger haben oft nicht den nötigen Sachverstand und die nötige emotionale Neutralität, um komplexe politische Probleme zu bewältigen.
- Fragen der Finanzierung staatlicher Tätigkeiten finden im Volk keine Mehrheit, wenn sie wie die meisten zusätzlichen Steuerbelastungen zulasten der Mehrheit gehen.

vgl. Lexikon: Direkte Demokratie, in: uniprotokolle.de (V. i. S. d. P.: Martin Bauer), Zugriff unter: http://www.uni-protokolle.de/Lexikon/Direkte_Demokratie.html [2.03.2012]

4.2 Änderung des Wahlrechts

Es gibt auch etliche Stimmen, die für eine Veränderung des Wahlrechts sind. An erster Stelle steht dabei die Vorstellung, Parlament und Regierung (Bundeskanzler/-in) direkt von den Bürgern wählen zu lassen. Das würde bedeuten, dass die klassische Gewaltenteilung (vgl. Kap.1.3) wieder eingeführt wird. Somit wäre zum einen eine größere Machtkontrolle des Parlamentes gegenüber der Regierung und zum anderen mehr Einfluss der Bürger gewährleistet. Doch auch diese Reformidee weist natürlich zwei Seiten auf.

Vorteile

- Die Wahlberechtigten können so ihre konkreten „Vorlieben" (Kanzlerkandidat/-in bzw. Parteien) viel deutlicher ausdrücken, damit wächst der Einfluss der Bürger.
- Absprachen von Parteien bezüglich Koalitionen zum Zwecke der Regierung sind hinfällig.
- Damit könnten im Parlament sachliche Entscheidungen unabhängig von Koalitionsverträgen bzw. Fraktionszwängen zum Zwecke des Machterhalts der Regierung getroffen werden.

Es kommt zu einer „echten" Gewaltenteilung zwischen dem Parlament, das für die Gesetzgebung zuständig ist, und der Regierung, der die staatspolitischen Aufgaben des Regierens und der politischen Vertretung des Staates obliegen.

vgl. Kruse, Jörn: Demokratiedefizite und Funktionsmängel in der Politik. Ein Essay über Strukturprobleme der repräsentativen Demokratie und Vorschläge für konstitutionelle Reformen, ersch. in: Kruse, Jörn/Mayer, Otto G.: Aktuelle Probleme der Wettbewerbs- und Wirtschaftspolitik. Erhard Kantzenbach zum 65. Geburtstag, Baden-Baden, Nomos Verlagsgesellschaft, 1996, S. 9–41, Zugriff unter: http://www.hsu-hh.de/kruse/index_6oXgUs82GMNdpN3O.html [13.02.2012]

Deutsche haben erfahrungsgemäß Probleme mit der Gewaltenteilung, weil sie in ihrer Staatsordnung keine Strenge erleben. Die Bundeskanzlerin ist Chefin der Exekutive, aber eben auch eine Abgeordnete des Bundestages, also ein Teil der Legislative. Da die Exekutive aus der Legislative hervorgeht – wer die Mehrheit im Parlament hat, bestimmt den Bundeskanzler – und die Parteien Fraktionszwang haben, sind Exekutive und Legislative sogar noch stärker miteinander verbunden.

← 4.2/1

Im 18. Jahrhundert wurde die (Gewaltenteilung) sehr ernst genommen, und deswegen haben die USA eine echte, strenge, klare Gewaltenteilung. Exekutive (Präsident), Legislative (Kongress) und Judikative (Oberstes Gericht) arbeiten unabhängig, kontrollieren sich aber nach dem Prinzip der *checks and balances* alle gegenseitig. Es kommt noch eine weitere Linie dazu, die eine gewisse Unterform der Gewaltenteilung darstellt: die Aufspaltung der Legislative in zwei Teile, und zwar in Senat und Repräsentantenhaus. [...] Hier sind beide Kammern (fast) völlig gleichberechtigt. Ihre Mitglieder werden jeweils direkt vom Volk gewählt. Jedes Gesetz braucht die Zustimmung beider Kammern in absolut identischer Form, womit jedes Gesetz doppelte Arbeit bedeutet. Das ist laut und umständlich und teuer, und spätestens beim letzten Punkt hört bei Amerikanern sonst der Spaß auf. Was soll das?

Der Senat war ursprünglich eine Länderkammer. Die Senatoren wurden von den Bundesstaaten bestimmt, wie also der Bundesrat heute. Ähnlich wie da lief das aber nicht so gut: Die Landesparlamente konnten sich nicht auf Kandidaten für den Senat einigen, die Senatoren galten als faul und korrupt, und überhaupt war das alles eher undemokratisch. Daher wurde 1913 im 17. Verfassungszusatz die Direktwahl der Senatoren eingeführt.

Man beachte die unterschiedlichen Lösungsansätze für ein ähnliches Problem: In den USA wurde die bockige Länderkammer direkt dem Volk unterstellt, in Deutschland wird sie durch die Föderalismusreform zum Teil entmachtet. Damit ist Deutschland ein Stück weit in Richtung eines Einkammer-Parlamentes, wie es in Israel oder Dänemark besteht, gerückt.

Genau diese Entwicklung wollten die Väter der US-Verfassung aber ausdrücklich verhindern. So schön das mit der Demokratie und den gewählten Volksvertretern sein mag, nach amerikanischer Sicht sind sie auch eine der größten Gefahren für jede Republik: Eine Volkskammer, so die *Federalist Papers*, neigt dazu, sich im Laufe der Zeit immer mehr Macht anzueignen, bis sie das ganze System dominiert und eine Art Diktatur der Legislative entsteht.

Stevenson, Scott W.: Der Bund Teil 1: Gewaltenteilung für Teilungslose, in: USA ERKLÄRT, Zugriff unter: http://usaerklaert.wordpress.com/2006/07/01/der-bund-teil-1-gewaltenteilung-fur-teilungslose/ [13.03.2012] (leicht verändert)

Aufgabe

Welches der beiden im Text dargestellten Systeme halten Sie für das bessere? Begründen Sie Ihre Ansicht.

Nachteile

- Eine kontinuierliche Politik wäre ggf. nicht möglich, da sich Regierung und Parlament durch unterschiedliche „Mehrheiten" (z. B. SPD-Regierung und CDU-Mehrheit im Parlament) neutralisieren könnten.
- Eine direkte Wahl des Bundeskanzlers/der Bundeskanzlerin könnte sehr stark von Sympathie bzw. Antipathie und weniger von sachlichen Aspekten geprägt sein.
- Beide politische Gewalten (Regierung und Parlament) könnten im Hinblick auf eine Wiederwahl populistische Meinungen vertreten und dabei sachliche bzw. fachliche Aspekte aus den Augen verlieren.

4.3 Partizipation der Bürger außerhalb des politischen Systems

Eine weitere Forderung im Hinblick auf eine Reform der demokratischen Struktur zielt in Richtung der Beteiligungsmöglichkeiten von Bürgern außerhalb des politischen Systems, also der Möglichkeit von Bürgern, sich an politischen Entscheidungen beteiligen zu können, ohne selbst diesem politischen System (z. B. als gewählter Abgeordneter oder als Parteimitglied) anzugehören. In diesem Zusammenhang spricht man häufiger auch von „außerparlamentarischer Partizipation".
Die Möglichkeiten der Bürgerbeteiligungen sind sehr vielfältig. Von den klassischen Bürgerinitiativen bis hin zur Online-Bürgerkonferenz (z. B. die Zuschaltung per Internet von Bürgern zu einer parlamentarischen Debatte) reicht das mögliche Spektrum der politischen Teilhabe von Bürgern.

Begründet werden diesbezügliche Forderungen mit folgenden Argumenten:

- direkte Information der Bürger durch Politik und Verwaltung,
- Transparenz der Entscheidungen für die direkt Betroffenen,
- größere Akzeptanz von Entscheidungen,
- Realisierung demokratischer Mitentscheidung der betroffenen Bürger,
- Erhöhung der Qualität der Entscheidungen durch außerparlamentarisches Fachwissen,
- Erhöhung des Engagements der Bürger für das politische Gemeinwesen.

← 4.3/1

Bürger fordern direkte Beteiligung
Umfrage bestätigt Wunsch nach Volks- und Bürgerentscheiden

Die Bundesbürger würden sich deutlich stärker politisch engagieren und bei politischen Entscheidungen einbringen, wenn sie in politischen Fragen tatsächlich mitentscheiden könnten. Deshalb favorisieren die Bürger allen voraus direktdemokratische Beteiligungsmöglichkeiten, wie Volksbegehren oder Bürgerentscheide. Zu diesem Ergebnis kommt eine repräsentative Befragung der Bertelsmann Stiftung.

Bei der Frage nach den wünschenswerten Beteiligungsverfahren geben 78 % direkte Verfahren an, wie Volksentscheide oder Bürgerbegehren. Jeder Zehnte erklärt, bereits an solchen direkten Verfahren teilgenommen zu haben. Nur 21 % zeigen sich an Möglichkeiten der direkten Demokratie nicht interessiert.

Groß ist das Interesse auch an direkten Bürgerbefragungen zu bedeutsamen Infrastrukturmaßnahmen, wie etwa Bauprojekten. 68 % der Bundesbürger würden bei derartigen Projekten gern unmittelbar mitentscheiden, nur 29 % sind desinteressiert.

[...] auch die Mobilisierbarkeit der Bürger für politische Demonstrationen ist in einer gereiften Demokratie offenbar begrenzt. Zwar erklären 27 %, sie hätten bereits eigene Demo-Erfahrungen gesammelt, und weitere 19 % könnten sich eine Teilnahme vorstellen. Mehr als die Hälfte der Deutschen (53 %) hält sich von entsprechenden Kundgebungen aber grundsätzlich fern.

Von einem Teil der politisch aktiven Bevölkerung offenbar aktiv genutzt oder erwünscht sind klassische Formen der Beteiligung, wie der direkte Kontakt zu ihren Abgeordneten und Volksvertretern, Meinungsbekundungen per Leserbrief oder die Mitgliedschaft in einem Interessenverband. Immerhin etwa 15 % der Befragten nehmen auf diese Weise an der politischen Willensbildung und Entscheidungen teil, und fast 40 % könnten sich dafür erwärmen.

In der öffentlichen Diskussion bislang überschätzt werden dagegen möglicherweise die neuen Formen der Online-Beteiligung. Offensichtlich sind diese Verfahren nur für eine qualifizierte Minderheit begehrt. Fast die Hälfte (48 %) lehnt Online-Befragungen für sich ab, und ebenso viele (54 %) sind nicht für Online-Abstimmungen zu haben. Sogar knapp 60 % würden sich nicht an elektronischen Petitionen an Parlamente oder Abgeordnete beteiligen, und mehr als zwei Drittel (67 %) würden keine eigenen Beiträge in Blogs oder Internet-Foren verfassen. [...]

Für Dr. Gunter Thielen, Vorsitzender der Bertelsmann Stiftung, ist die Umfrage ein klares Signal: „Die Menschen haben sich nicht von der Politik verabschiedet, sondern wünschen sich viel mehr aktive Teilhabe. [...] Die Politik ist deshalb gut beraten, wenn sie die bestehenden Formen der Beteiligung ausweitet und die Menschen auch in Entscheidungen direkt einbezieht.“

Bertelsmann Stiftung, Gütersloh (Hg.): Bürger fordern direkte Beteiligung. Umfrage bestätigt Wunsch nach Volks- und Bürgerentscheiden (Pressemeldung vom 13.06.2011), Zugriff unter: http://www.bertelsmann-stiftung.de/cps/rde/xchg/SID-89E677E3-8A00B4D1/bst/hs.xsl/nachrichten_107591.htm [13.02.2012], (Auszug)

Aufgaben

1. *Wie stehen Sie zu einer direkten Beteiligung am politischen Entscheidungsprozess?*
2. *Welche Form der Beteiligung ist aus Ihrer Sicht am sinnvollsten, welche weniger sinnvoll?*

Welche Möglichkeiten der Bürgerbeteiligung gibt es nun?
Wie schon angesprochen ist die Bandbreite sehr groß und natürlich auch von Kommune zu Kommune unterschiedlich. Im Folgenden werden einige Möglichkeiten aufgeführt.

meinedemokratie.de

Bürgerbegehren und Bürgerentscheid

Wie im vorherigen Kapitel schon beschrieben, ist ein Bürgerbegehren der Antrag der Bürgerinnen und Bürger an die Gemeindevertretung, einen Bürgerentscheid durchzuführen. Ein Bürgerentscheid ist die Abstimmung der Bürgerinnen und Bürger über eine kommunalpolitische Sachfrage. Die Ergebnisse von Bürgerentscheiden sind verbindlich. Sie müssen wie ein Beschluss des Kommunalparlamentes umgesetzt werden.

Bürgerbeteiligung

Es gibt eine Vielzahl von Methoden und Modellen der Beteiligung von Bürgern. Diese reichen von aktivierender Befragung (dies ist eine Methode, um in einem begrenzten Gebiet die Sichtweisen, Interessen und Bedürfnisse der dort lebenden Menschen zu erfahren) bis zur Zukunftswerkstatt (eine Methode, die Möglichkeiten zur Realisierung gemeinsamer Ideen entwickeln hilft). Einen sehr guten Überblick über all diese Möglichkeiten mit den entsprechenden Praxisbeispielen findet man unter http://www.buergergesellschaft.de/politische-teilhabe/103354/.

Elektronische Demokratie

Dieser Begriff (E-Demokratie) ist ein Sammelbegriff für unterschiedliche Formen politischer Beteiligung über neue Medien, insbesondere das Internet. Dieses bietet vielfältige Möglichkeiten, um die Zugänglichkeit von politischen Informationen und politischer Teilhabe sowie den Austausch zwischen Politik und Bürgern und innerhalb der Bürgergesellschaft zu erleichtern.
Online-Diskussionen, Online-Abstimmungen, Online-Petitionen und Online-Kampagnen sind konkrete Möglichkeiten der Beteiligung und der politischen Einflussnahme der Bürgerinnen und Bürger.

Letztlich bleibt aber der wesentliche Aspekt einer Demokratie: Es sind die Bürger selbst, die bestimmen, inwieweit sie sich engagieren und beteiligen und ihre Möglichkeiten der Mitbestimmung wahrnehmen.

Aus dem Bürgerprogramm Kusel:

← 4.3/2

Um den Bürger politisch zu beteiligen, müssen drei Voraussetzungen geschaffen werden: Erstens muss er umfassend, verständlich und ehrlich informiert werden. Zweitens muss seine Meinung in der Debatte wahrgenommen werden können. Drittens muss seine Stimme an der Entscheidung mitwirken können.

Begründung:

Die Kluft zwischen Bürgern und Entscheidungsträgern wächst stetig. [...] Mangelnde Bürgerbeteiligung führt zu Politikverdrossenheit. Die Politikverdrossenheit hat drei Ursachen, die sich gegenseitig bedingen: 1. Die Informationen fließen spärlich und in einer denkbar unattraktiven, demotivierenden Form. 2. Dem Bürger fehlt eine erkennbare Stimme im Prozess der Meinungsbildung. Warum soll er sich dann die Mühe machen, sich zu informieren? 3. Der Bürger hat – außer am Wahltag – nichts zu entscheiden. [...]

Vorschlag im Detail:

Frühzeitige und umfassende Information durch Internet, Aushänge, Dorfzeitungen: Tagesordnungen und Beschlussvorlagen veröffentlichen, eingegangene Anfragen und Anträge veröffentlichen, alle Dokumente zur Verfügung stellen. Für größere Projekte Bürgerworkshops und Foren veranstalten, bei denen Bürger an der Problemlösung mitarbeiten (z. B. Straßenplanung, Industriestandorte, Haushaltsplan). Für kleinere Projekte Infoveranstaltungen, bevor die Planungen anlaufen. Diese sollten dann von einem Diskussionsforum im Internet begleitet werden, in dem orts- und zeitunabhängig diskutiert werden kann ... Was Abgeordnete entscheiden und abstimmen, muss ins Internet: nachlesbar und abstimmbar. Transparenz verhindert Mauschelei, Lobbyismus und Fehlentwicklungen ...

Pro und Contra

Pro: Der einzelne Abgeordnete (oder Parteifunktionär) gewinnt persönliche Freiheit, da die Parteilinie nicht mehr so wichtig ist. Transparentere [...] Entscheidungen werden von den Bürgern mitgetragen, wenn sie daran beteiligt waren.

Contra: Parteien und Verwaltung müssen Macht abgeben und werden daher nicht gerade begeistert sein. Verwaltungen müssen in Zeit und Personal zur Vermittlung ihrer Tätigkeit investieren. Der Bürger muss Zeit und Mühe einsetzen, um mitzureden. Unter dem Strich: ein Zugewinn an Demokratie durch Bürgerbeteiligung, Akzeptanz der Politik und ihrer Entscheidungen.

Umsetzung

Parlamente müssen: Möglichkeiten für Bürgerentscheide schaffen, Pilotprojekte in den Bereichen Bürgerhaushalt, Bürgerredakteure oder Online-Debatten initiieren, eventuell rechtliche Hindernisse für die Verbreitung von Informationen beseitigen. Amtsblätter und Zeitungen müssen: ihre Sprache ändern, Lesermeinungen unzensiert veröffentlichen. Parteien müssen sich daran gewöhnen, Macht abzugeben. Verwaltungen müssen: ihre Einstellung zum Bürger ändern (Fortbildungen), Bürgerredakteure oder Moderatoren einstellen. Bürger müssen: Zeit aufwenden für Meinungsbildung, Beteiligung einfordern, lernen, ihre Meinung zu vertreten (hart in der Sache, wertschätzend gegenüber der Person).

Bürgerprogramm Landkreis Kusel (Onlineplattform), Zugriff unter: http://www.buergerforum2011.de/site/downloads/bp_regional/16_BF2011_Buergerprogramm_Kusel.pdf [15.05.2012] (leicht verändert)

Aufgabe

Nehmen Sie Stellung zu diesem Text.

Wichtiges Wissen

Demokratiereformen
Demokratie muss dem Wandel einer Gesellschaft Rechnung tragen und auf Veränderungen angemessen reagieren.

Direkte Demokratie
Möglichkeiten des Bürgers, einen unmittelbaren Einfluss auf politische Entscheidungen auszuüben.

Volksentscheid
Die wahlberechtigen Bürger haben die Möglichkeit, über eine Vorlage (z. B. ein Gesetz) direkt abzustimmen. Die Entscheidung der Bürger, meist gekoppelt mit einer festgelegten Mehrheit (z. B. 50 % der Wahlberechtigten), ist dann in der Regel verbindlich.

Volksbegehren
Eine verfassungsgemäß festgelegte Mindestanzahl von Wahlberechtigten kann das Parlament oder die Regierung dazu zwingen, sich mit bestimmten Fragen oder Themen neu auseinanderzusetzen.

Volksbefragung
Die Wahlberechtigten werden zu einer bestimmten Frage um Rat bzw. eine Meinungsäußerung gebeten, ohne dass das Ergebnis der Befragung für den Gesetzgeber verbindlich ist.

Änderung des Wahlrechts
Neben der Direktwahl der Legislative (Bundestag) auch die Möglichkeit zur direkten Wahl anderer politischer Funktionsträger (z. B. Bundeskanzler/-in oder Bundespräsident/-in), um so den Einfluss der Bürger/-innen zu erhöhen.

Bürgerpartizipation
Demokratische Politik muss es Bürgern ermöglichen, sich in den unterschiedlichsten Formen an politischen Entscheidungsprozessen zu beteiligen.

Fragen

1. *Nennen Sie Gründe, warum in Deutschland Demokratiereformen durchgeführt werden sollten.*
2. *Was versteht man unter einer „direkten Demokratie"?*
3. *Erläutern Sie die unterschiedlichen Möglichkeiten der direkten Demokratie: Volksentscheid, Volksbegehren, Volksbefragung.*
4. *Würden Sie eine Einführung direktdemokratischer Elemente auf Bundesebene begrüßen? Begründen Sie Ihre Aussage.*
5. *Erläutern Sie drei Themen bzw. Themenbereiche, die aus Ihrer Sicht möglicherweise Gegenstand eines Volksentscheides sein könnten. Begründen Sie Ihre Antwort.*
6. *Erläutern Sie mögliche Gefahren eines Volksentscheides.*
7. *Es gibt Stimmen, die eine Veränderung des Wahlrechtes dergestalt fordern, dass wichtige Mandatsträger direkt von den Wahlberechtigten gewählt werden. Welche Vorteile bzw. Gefahren sehen Sie in einer Direktwahl wichtiger politischer Mandatsträger?*
8. *Hätte eine solche Direktwahl Auswirkungen auf politische Entscheidungsprozesse? Wenn ja, welche?*
9. *Was versteht man unter dem Begriff „außerparlamentarische Beteiligungsmöglichkeiten"?*
10. *Erläutern Sie sechs Gründe, warum eine außerparlamentarische Bürgerbeteiligung wichtig und notwendig ist.*
11. *Welches ist für Sie der wichtigste Grund? Begründen Sie Ihre Aussage.*
12. *Nennen Sie drei verschiedene Möglichkeiten der Bürgerbeteiligung.*
13. *Bewerten Sie die Möglichkeiten der Bürgerbeteiligung insgesamt hinsichtlich der Möglichkeit, Einfluss auf politische Entscheidungen zu nehmen.*
14. *Was versteht man unter dem Begriff „E-Demokratie"?*
15. *Was halten Sie von der „E-Demokratie"?*
16. *Haben Sie sich schon einmal in Ihrer Gemeinde/Ihrer Stadt an politischen Entscheidungen bzw. bei politischen Themen beteiligt? Wenn ja, bei welchen? Wenn nein, bei welchen Themen/Entscheidungen würden Sie sich beteiligen?*
17. *Gibt es für Sie Gründe, grundsätzlich auf eine Beteiligung am politischen Prozess zu verzichten? Wenn ja, erläutern Sie diese Gründe näher.*

Lernbaustein 5
Gesellschaftlicher und sozialer Wandel in der Bundesrepublik Deutschland

Die Gesellschaft hat sich gewandelt,

Zeitungsausschnitte 1950

- Wie das Statistische Bundesamt mitteilte, betrug die Zahl der Kinder je Familie 2,4.
- Nach Aussagen der Bundesregierung ist die Rente durch den Generationenvertrag gesichert.
- Aktuelle Erhebungen ergaben, dass die durchschnittliche Lebenserwartung für Frauen bei 77,5 Jahren und bei Männern bei 76,2 Jahren liegt.
- Wie die Bundesanstalt für Arbeit mitteilte, wird in absehbarer Zeit mit Vollbeschäftigung gerechnet.
- Wie eine Umfrage unter Jugendlichen zeigte, wollen fast 98 % einmal heiraten und eine Familie gründen.
- In der Bundesrepublik Deutschland lebt nur ein verschwindend geringer Prozentsatz von Menschen mit ausländischen Wurzeln.

kann sie dies auch bewältigen?

Zeitungsausschnitte 2012

- Wie das Statistische Bundesamt mitteilte, betrug die Zahl der Kinder 1,61 je Familie.
- Der Generationenvertrag kann aufgrund der veränderten Rahmenbedingungen die Rente nicht mehr vollständig sichern, es müssen neue Finanzierungsformen gefunden werden.
- Aktuelle Erhebungen ergaben, dass die durchschnittliche Lebenserwartung für Frauen bei 83,8 Jahren und bei Männern bei 82,6 Jahren liegt.
- Zurzeit beträgt die Arbeitslosenzahl ca. 3 Millionen Menschen, das entspricht einer Arbeitslosenquote von etwa 8 %.
- Nicht mehr alle Jugendlichen wollen eine Familie gründen.
- Die Zahl der Menschen mit Migrationshintergrund beträgt in der Bundesrepublik Deutschland zurzeit über 20 %.

Zur Diskussion

1. *In welchen Bereichen hat sich die Gesellschaft gewandelt?*
2. *Welche Probleme ergeben sich aus diesem Wandel?*
3. *Inwieweit sind auch Sie von diesem Wandel betroffen?*

1 Idee der Sozialpolitik

1.1 Geschichte und Entwicklung des Sozialstaates

Egal ob im Fernsehen, in Zeitungen oder im Internet, überall tauchen Begriffe auf wie Rentenversicherung, Hartz IV, Krankenkassen usw. All diese Begriffe sind für unsere heutige Zeit absolut normal und verständlich. Hinter ihnen steht das Prinzip des Sozialstaates.
Kann das politische System der Demokratie auf eine fast 2 500-jährige Geschichte und Entwicklung schauen (vgl. Lernbaustein 4, Kap. 1.1, S. 8), so verhält es sich mit dem Sozialstaat gänzlich anders. Erst vor gut 150 Jahren begann man sich in der Politik Gedanken über mögliche soziale Aspekte als Aufgaben des Staates zu machen.

Kaiserreich (1871–1918)

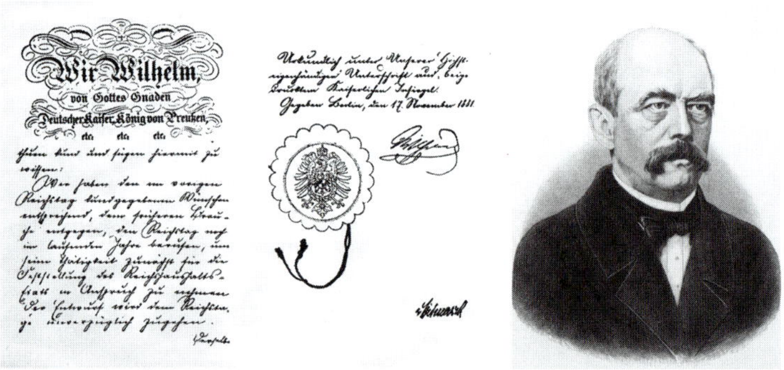

„Kaiserliche Botschaft"; von Bismarck verfasste Thronrede, die den Aufbau einer Sozialversicherung anspricht

Das deutsche Kaiserreich übernahm in den 1880er Jahren eine Vorreiterrolle im Hinblick auf die Entwicklung eines Sozialstaates. In seiner Kaiserlichen Botschaft vom 17. November 1881 kündigte Kaiser Wilhelm I. die Errichtung staatlicher Sozialversicherungssysteme an, die eine Unfall- und eine Krankenversicherung sowie eine Invaliditäts- und Altersversicherung umfassen sollten. Der Anlass, solche Sicherungssysteme einzubauen, war folgender:
Durch die industrielle Revolution im 19. Jahrhundert veränderte sich das gesellschaftliche Gefüge: Der Schwerpunkt des wirtschaftlichen Lebens verlagerte sich von der Landwirtschaft und dem Handwerk auf den Bereich der industriellen Produktion, da jetzt nicht mehr nur die Versorgung der Bevölkerung mit den notwendigen Gütern, sondern vor allem die Erzielung von Gewinn Richtschnur wirtschaftlichen Handelns war.
Dies wiederum brachte elementare Veränderungen im sozialen Bereich der Gesellschaft mit sich. Wesentlich für diese Gesellschaftsform ist die Trennung von Arbeit und Produktionsmitteln (Kapital) und die Klassenbildung in Kapitalisten (Unternehmer) und Proletarier (Arbeiter). Der Unternehmer stellte das Kapital, hatte Entscheidungs- und Anordnungsbefugnisse und bezog allein den Gewinn aus dem Unternehmen. Auf der anderen Seite gab es den Lohnarbeiter. Er war besitzlos und sozial nicht abgesichert. Seine wirtschaftliche und soziale Lage war schwach, da ihn keine Gewerkschaften bei der Durchsetzung seiner Interessen unterstützten. Zwischen Unternehmern und Arbeitern entstanden zwangsläufig soziale Gegensätze.

← 1.1/1

Aufgabe

1. *Erläutern Sie anhand des Textes (S. 70) die Gründe, warum Bismarck die Sozialversicherungen eingeführt hat.*
2. *Gilt der Slogan des Plakates auch heute noch? Begründen Sie Ihre Antwort.*

← 1.1/2

Programm der „Sozialistischen Arbeiterpartei Deutschlands" Gotha 1875 (Auszug)
Die Sozialistische Arbeiterpartei Deutschlands fordert, um die Lösung der sozialen Frage anzubahnen, die Errichtung von sozialistischen Produktivgemeinschaften mit Staatshilfe unter der demokratischen Kontrolle des arbeitenden Volkes. [...]
Die sozialistische Arbeiterpartei fordert als Grundlagen des Staates:

1. Allgemeines, gleiches, direktes Wahl- und Stimmrecht, mit geheimer und obligatorischer Stimmabgabe aller Staatsangehörigen vom zwanzigsten Lebensjahre an für alle Wahlen und Abstimmungen in Staat und Gemeinde. Der Wahl- oder Abstimmungstag muss ein Feiertag sein.
2. Direkte Gesetzgebung durch das Volk, Entscheidung über Krieg und Frieden durch das Volk.

Die Sozialistische Arbeiterpartei Deutschlands fordert innerhalb der heutigen Gesellschaft:

1. Möglichste Ausdehnung der politischen Rechte und Freiheiten im Sinne der obigen Forderungen. [...]
3. Unbeschränktes Koalitionsrecht.
4. Ein den Gesellschaftsbedürfnissen entsprechender Normalarbeitstag. Verbot der Sonntagsarbeit.
5. Verbot der Kinderarbeit und aller der Gesundheit und Sittlichkeit schädigenden Frauenarbeit.
6. Schutzgesetze für Leben und Gesundheit der Arbeiter. [...]

Potthoff, Heinrich: Die Sozialdemokratie von den Anfängen bis 1945, Bonn-Bad Godesberg: Verlag Neue Gesellschaft 1974, S. 176 ff.

Aufgaben

1. *Beschreiben Sie die wesentlichen Forderungen der Sozialistischen Arbeiterpartei.*
2. *Welche der oben genannten Forderungen gehören heute zum „politischen" Alltag?*

Da das Hauptziel der Unternehmer der Gewinn war und sie dieses Ziel häufig mit allen Mitteln verfolgten, konnte es nicht ausbleiben, dass dem großen Reichtum der Unternehmer eine sich immer weiter verbreitende Armut der Arbeiter gegenüberstand. Die Lage des Proletariats war gekennzeichnet durch:

- niedrigste Löhne, die häufig unter dem Existenzminimum lagen, sodass auch Frauen und Kinder mitverdienen mussten,
- eine tägliche Arbeitszeit, die auch an Sonn- und Feiertagen 13 und mehr Stunden betrug,
- menschenunwürdige Wohnverhältnisse (Slumbildung),
- fehlende Fürsorge – wer die Ausbeutung seiner Arbeitskraft mit seiner Gesundheit bezahlte, bekam keine Unterstützung und wurde einfach entlassen, weil genügend Arbeitskräfte warteten,
- geringe Lebenserwartung, da das Gesundheitswesen mangelhaft und zudem für einen Arbeiter zu teuer war.

Viele Deutsche lebten in bitterer Armut, mehrköpfige Familien teilten sich die Elendsunterkünfte.

Der zweite Grund für die Einführung der Sozialversicherungen lag darin, dass trotz anfänglichen Verbotes seitens des Staates sich von 1848 an die ersten Arbeitervereinigungen bildeten, aus denen sich später die Gewerkschaften entwickelten. Ziel war es, den Staat zu verändern und gesetzliche Änderungen und Regelungen zu erreichen, die eine Verbesserung der Lage der Arbeiter zur Folge hatten. Reichskanzler von Bismarck sah in den Vertretern der Arbeiterpartei weniger die Interessenvertreter der deutschen Arbeiterschaft als vielmehr Vorboten des Umsturzes der bestehenden monarchischen Ordnung. Um die Arbeiter von ihrer Partei loszulösen, wurden auf Antrag des Reichskanzlers die bereits erwähnten verschiedenen Sozialgesetze erlassen.

Die Weimarer Republik (1919–1933)

Nach dem Ersten Weltkrieg kümmerte sich der Staat im Rahmen seiner Sozialpolitik in erster Linie um die Beseitigung der Kriegsfolgen. Die im Versailler Vertrag festgeschriebene Höhe von 100 000 Soldaten führte dazu, dass Hunderttausende ehemaliger Soldaten entlassen wurden und Arbeit und Auskommen suchen mussten. Hinzu kam die schlechte wirtschaftliche Lage des Landes gepaart mit extremen Reparationsforderungen der Siegermächte. Diese Situation sollte durch weitere Sozialgesetze (z. B. die Einführung der Arbeitslosenversicherung und der Kriegsopferversorgung) bewältigt werden.

§ **Auszug aus einer „Bureau-Ordnung zur Beachtung des Personals" (1853)**

← 1.1/3

Gottesfurcht, Sauberkeit und Pünktlichkeit sind die Voraussetzungen für ein gutes Geschäft.
Die Kleidung muss einfach sein. Das Personal wird sich nicht in hellen Farben bewegen und Strümpfe nur tragen, wenn sie in Ordnung sind.
Dem Personal steht der Ofen zur Verfügung. Es wird empfohlen, dass jedes Mitglied des Personals täglich bei Kälte 4 Pfund Kohlen mitbringt.
Kein Mitglied des Personals darf den Raum ohne Erlaubnis verlassen.
Während der Bürostunden darf nicht gesprochen werden.
Die Sucht nach Tabak, Wein oder Alkohol ist eine menschliche Schwäche und dem gesamten Personal verboten.
Unsere Firma hat die Arbeitszeit verkürzt. Das Personal braucht jetzt nur noch an den Wochentagen zwischen 7 Uhr vormittags und 7 Uhr nachmittags anwesend zu sein. Der Sonntag dient dem Kirchendienst. Sollte es jedoch erforderlich sein, wird auch am Sonntag gearbeitet.
Die Einnahme von Nahrung ist zwischen 11.30 und Mittag erlaubt. Die Arbeit darf dafür nicht eingestellt werden.
Die Eigentümer betonen hiermit noch einmal die Großzügigkeit der neuen Arbeitsgesetze.
Sie erwarten aber eine wesentliche Steigerung der Arbeitsleistung zum Ausgleich für diese fast utopischen Bedingungen.

zitiert nach: Seidel, Heinz/Schneider, Wolfgang: Der Betrieb und seine Verfassung, Wiesbaden, Universum Verlag, 1976, S. 118

Aufgaben

1. *Wie war es möglich, dass Arbeitnehmer/-innen unter solchen Bedingungen arbeiteten?*
2. *Welche der oben angeführten Regelungen wären heute undenkbar?*
3. *Gegen welche gesetzlichen Bestimmungen würden sie verstoßen?*

Ausbau des Weimarer Sozialstaates (Auszug)

← 1.1/4

1918	Erwerbslosenfürsorge für entlassene Soldaten
1919	Verankerung des Sozialversicherungssystems in der Verfassung
1920	Versorgungsregelung für 1,5 Mio. Kriegsbeschädigte und 2,5 Mio. Hinterbliebene
1922	Mietpreisbindung
1923	Gesetz über Mindestlöhne für Heimarbeiter
	Mieterschutz gegen willkürliche Kündigungen
	Staatliche Zwangsschlichtung von Tarifstreitigkeiten
1925	Wöchnerinnen- und Mutterschutz als Pflichtleistung der Krankenkassen
1927	Besonderer Arbeits- und Kündigungsschutz für werdende und stillende Mütter

Bundeszentrale für politische Bildung (Hg.): Informationen zur politischen Bildung, Nr. 261, Bonn, 2003, S. 39

Aufgaben

1. *Welche der oben genannten Regelungen finden Sie auch heute noch in der Bundesrepublik?*
2. *Was war Ihrer Meinung nach das größte soziale Problem in der Weimarer Republik?*

Auch wenn mit den neuen Gesetzen richtungsweisende Grundsätze erlassen wurden, war die Weimarer Republik ein völlig überforderter „Sozialstaat“:

Auf der einen Seite gab es eine zunehmende Anzahl der Empfänger sozialer Leistungen (der Kreis der Sozialversicherten wurde durch die Einbeziehung neuer Berufsgruppen noch erweitert), auf der anderen Seite stand ein Staat, der aufgrund der wirtschaftlichen Situation finanziell nicht mehr in der Lage war, den Ansprüchen der Sozialversicherten gerecht zu werden. Die Ende der 1920er Jahre dramatisch ansteigende Arbeitslosigkeit – gepaart mit einem ebenfalls dramatischen Abbau der Sozialleistungen – führte dann schließlich dazu, dass die rechtsextreme NSDAP von 1920 bis 1932 ihren Stimmanteil bei Wahlen von 2,6 % auf über 37 % steigern konnte. 1933 wird Hitler von Reichspräsident Hindenburg zum Reichskanzler ernannt, was gleichzeitig das Ende der Weimarer Republik bedeutete.

Das Dritte Reich (1933–1945)

Die Sozialpolitik der Nationalsozialisten erfuhr bemerkenswerterweise formal im Vergleich zur Weimarer Republik kaum eine Änderung. So blieben die Sozialversicherungen im Wesentlichen erhalten. Inhaltlich jedoch unterlag sie einem radikalen Wandel. Die Sozialversicherungsträger wurden dem Staat unterstellt, der damit z. B. ganz gezielt auch Rassenpolitik betreiben konnte. Faktisch wurde die Sozialpolitik dem ideologischen Ziel der Nationalsozialisten untergeordnet. So wurden z. B. soziale Leistungen mehr und mehr nur noch Deutschen bzw. Ariern bewilligt. Der Besitz und das Vermögen von Juden wurde beschlagnahmt, Löhne von Zwangsarbeitern einbehalten. Ebenfalls eine Rolle bei der Bewilligung von sozialen Leistungen spielte das „politische Verhalten“. So war z. B. die Länge des Mindesturlaubes für Jugendliche laut Jugendschutzgesetz von 1938 abhängig von den Aktivitäten bei der Hitlerjugend. Ein zinsloses Familiendarlehen gab es nur, wenn die Frau sich bereit erklärte, ihren momentanen Arbeitsplatz aufzugeben. Kinderbeihilfen waren an den Nachweis gekoppelt, dass man in der Lage war, dem deutschen Volk mit aller Kraft zu dienen. Am Ende hinterließen die Nationalsozialisten auch in der Sozialpolitik ein Trümmerfeld: Bei Kriegsende herrschten in ganz Deutschland katastrophale soziale Bedingungen.

Reichsarbeitsdienst für Frauen während der Zeit des Nationalsozialismus

← 1.1/5

Eine bedeutsame Rolle spielte in den Vorkriegsjahren der „Sozialismus der Tat", den man propagandawirksam zur Schau zu stellen wusste. So wurden z. B. bereits 1933 370 000 Kinder zur Erholung aufs Land geschickt. Da die Steigerung der Geburtenrate ein wesentliches Anliegen des Regimes war, förderte man Mutterschutz und Müttererholung, gründete das Hilfswerk „Mutter und Kind" und das „Heimstättenwerk", um das Familienleben zu erleichtern. Unter dem Schlagwort „Keiner soll hungern, keiner soll frieren!" erbrachte das „Winterhilfswerk" aus Straßen- und Haussammlungen alljährlich große Summen zur Unterstützung Hilfsbedürftiger. Auf Initiative der NS-Gemeinschaft „Kraft durch Freude" (KdF) gingen eine ganze Reihe von sozialpolitischen Maßnahmen zurück, die großes Aufsehen erregten. Neben [...] den KdF-Reisen zu Ferienaufenthalten und Kreuzfahrten für relativ wenig Geld gab es Aktionen, die für die „Schönheit der Arbeit" („gutes Licht", „gute Luft", Werkkonzerte, Erholungsgärten bei den Betrieben usw.) sorgten. Alle diese Leistungen, die schließlich mehreren Millionen Menschen zugutekamen, lösten selbstverständlich Begeisterung aus. [...] In Wirklichkeit verbarg sich jedoch dahinter eine festumrissene Absicht, die ein KdF-Funktionär so formulierte: „... Wir schickten unsere Arbeiter nicht auf eigenen Schiffen in Urlaub [...], weil uns das Spaß machte [...]. Wir taten das nur, um die Arbeitskraft des Einzelnen zu erhalten und um ihn gestärkt und neu ausgerichtet an seinen Arbeitsplatz zurückkehren zu lassen. KdF überholt gewissermaßen jede Arbeitskraft von Zeit zu Zeit genau so, wie man den Motor eines Kraftwagens nach einer gewissen gelaufenen Kilometerzahl überholen muss. Betriebssport, Schönheit der Arbeit, Werkkonzerte sind alles keine Dinge an sich, sondern dienen immer wieder dem großen Gesamtziel, die Leistungen des deutschen Volkes auf allen Gebieten zu steigern [...]."

Im Reichsarbeitsdienst wurden jährlich zwischen 200 000 und 300 000 junge Männer vorwiegend im Wege- und Straßenbau sowie in der Landwirtschaft und zur Neulandgewinnung als billige Arbeitskräfte und zur Verminderung der Arbeitslosenzahl eingesetzt.

Unter „Sozialismus" verstanden die Nationalsozialisten nicht jene konkreten Maßnahmen zur Sicherung des sozial schwächeren Partners vor den wirtschaftlich Mächtigen (wie z. B. Tarifvereinbarungen, Versicherungsschutz, Altersversorgung, Betriebsräte, Mitbestimmung, Beteiligung am Firmengewinn usw.), die allgemein als spezifisch für soziale Bemühungen gelten. Vielmehr ging es Hitler im Wesentlichen um die Schaffung einer geschlossenen und einträchtigen Volksgemeinschaft, in der alle Interessengegensätze überbrückt würden durch das allen gemeinsame, stolze Gefühl, Deutsche zu sein und für das „neue Deutschland" einen Beitrag leisten zu dürfen.

Bundeszentrale für politische Bildung (Hg.): Informationen zur politischen Bildung, 123/126/127, Neudruck, Bonn, 1980, S. 35 f.

Aufgaben

1. *Was wollte man im Dritten Reich mit Sozialpolitik auf keinen Fall erreichen?*
2. *Welchen Zielen dienten die sozialpolitischen Maßnahmen im Dritten Reich?*

Die Bundesrepublik Deutschland (ab 1949)

Deutschland im Wirtschaftswunder

Nach Gründung der Bundesrepublik Deutschland blieben die Sozialversicherungssysteme und das Sozialrecht weitestgehend in Kraft. Naturgemäß kümmerte sich der Staat in den Anfangsjahren primär um den Wohnungsbau und die Versorgung der Kriegsopfer und Flüchtlinge. Mit Beginn des wirtschaftlichen Aufschwungs Mitte der 1950er Jahre (allgemein auch als „Wirtschaftswunder" bezeichnet) begann auch der Ausbau sozialpolitischer Maßnahmen. Als Beispiele seien hier genannt: Rentenreformgesetze, Ausbau des Kindergeldes, Lohnfortzahlungsgesetz im Krankheitsfall usw. Mit dem Abflauen des Wirtschaftswachstums Ende der 1960er Jahre und der Bildung einer Großen Koalition aus CDU/CSU und SPD 1966 veränderte sich auch die Zielrichtung der Sozialpolitik. Zum einen wurden andere Prioritäten gesetzt (so gewann z. B. die Bildungspolitik an Bedeutung, die Mitbestimmungsrechte der Arbeitnehmer wurden erweitert und gestärkt), zum anderen wollte man Sozialpolitik zu einem Instrument machen, mit dem die Gesellschaft in eine bestimmte Richtung steuern konnte.

Im Zuge der ersten Ölkrise 1973 musste sich die Bundesrepublik mit schon lange überwunden geglaubten Aspekten der Sozialpolitik auseinandersetzen: steigende Arbeitslosigkeit, eine enorme Belastung des Rentensystems durch steigende Zahlen von Rentnern und vor allem Frührentnern, eine ungleiche Verteilung wirtschaftlicher, politischer und sozialer Chancen in verschiedenen Bevölkerungsgruppen (= neue soziale Frage) usw. Entscheidende und richtungsweisende Reformen wurden jedoch nicht umgesetzt.

Mit der Wiedervereinigung 1990 trat ein Ereignis ein, das die Sozialpolitik der Bundesrepublik Deutschland gravierend beeinflusste: Mussten doch „aus dem Stand" die sozialen Sicherungssysteme auf die neu gegründeten Bundesländer der ehemaligen DDR übertragen werden. Über 11 Mio. ehemalige DDR-Bürger fanden sich in den gesetzlichen Sozialversicherungen wieder, arbeiteten plötzlich nach westdeutschem Arbeitsrecht, was z. B. Koalitionsfreiheit, Tarifautonomie, Streikrecht, aber auch Kündigungsschutz bedeutete. Dies hatte natürlich auch einen immensen finanziellen Aufwand zur Folge, der geleistet werden musste, um eine Anpassung zu erreichen.

Mit Beginn des neuen Jahrtausends beschäftigt sich die Sozialpolitik in der Bundesrepublik in zunehmendem Maße mit der Sanierung bzw. Veränderung der sozialen Sicherheitssysteme. Faktoren wie die demografische Entwicklung, der Wandel zur Dienstleistungs- und Informationsgesellschaft, Flexibilisierungs- und Globalisierungstendenzen, Wertewandel, Zuwanderung, um nur einige zu nennen, führten und führen zu einem Finanzierungs- und Strukturproblem des Sozialstaates (vgl. auch Kap. 4.2). Hier sind nun grundlegende Reformen gefordert (vgl. Kap. 4.3), damit der Sozialstaat und damit verbunden vor allem unsere sozialen Sicherungssysteme auch in Zukunft ihren Aufgaben gerecht werden können.

Bildungsdiskussionen und -reformen

← 1.1/6

Mitte der sechziger Jahre setzte in der Bundesrepublik eine Diskussion über den Zustand und die weitere Entwicklung des Bildungswesens ein, die Bildungspolitik als einen zentralen Bereich staatlichen Handelns im öffentlichen Interesse verankerte. Das Stichwort für diese Diskussion gab 1964 der Pädagoge und Religionsphilosoph Georg Picht, als er von der „deutschen Bildungskatastrophe" sprach. Picht und andere Kritiker des deutschen „Bildungsnotstands" suchten nachzuweisen, dass die Bundesrepublik im Vergleich zu anderen Industriestaaten einen großen Nachholbedarf habe: Der Anteil der Schülerinnen und Schüler mit Mittlerer Reife oder Abitur und der Studierenden an den einzelnen Jahrgängen sei zu gering, die Schulzeit zu kurz, die Ausstattung der Schulgebäude und Schulräume dürftig, die Durchschnittsgröße der Schulklassen und die Anzahl der Schülerinnen und Schüler pro Lehrkraft zu hoch. Die Kritiker sagten einen Mangel an qualifiziertem Nachwuchs voraus und forderten eine Ausweitung und Reform des Bildungswesens. Andernfalls würde die deutsche Wirtschaft den Anschluss an die internationale Entwicklung verlieren; die Bildungskatastrophe würde in eine Wirtschaftskatastrophe einmünden.

Ein anderes Motiv für durchgreifende Reformen des Bildungswesens brachte Ralf Dahrendorf 1965 auf den Begriff, als er Bildung als „allgemeines Bürgerrecht" definierte und seine Verwirklichung forderte. Angesprochen war damals vor allem der geringe Anteil von Arbeiterkindern unter den Schülerinnen und Schülern der weiterführenden Schulen und unter den Studierenden, aber auch das Bildungsgefälle zwischen Stadt und Land, zwischen Jungen und Mädchen, zwischen Protestanten und Katholiken, zwischen Nord- und Süddeutschland. Gefordert wurde Chancengleichheit im Bildungswesen: Ungeachtet ihrer sozialen Herkunft sollten alle Bürgerinnen und Bürger die gleichen Chancen zu einer qualifizierten Ausbildung und Bildung haben. Dahinter stand die Überzeugung, dass in modernen Gesellschaften der Status des Einzelnen immer stärker von der Ausbildung bestimmt wird und dass Bildung und Ausbildung Lebenschancen erschließen, aber auch abschneiden können. Einer Bildungspolitik in diesem Sinne ging es nicht mehr nur um die bloße Effektivierung des bestehenden Bildungssystems, sondern auch um Gesellschaftsreform. Daraus erklärt sich auch die Heftigkeit der Auseinandersetzungen um einzelne bildungspolitische Maßnahmen in den sechziger und siebziger Jahren.

Borowski, Peter: Sozialliberale Koalition und innere Reform. Bildungsdiskussionen und -reformen, in: Bundeszentrale für politische Bildung (Hg.): Informationen zur politischen Bildung, Heft 258: Zeiten des Wandels. Deutschland 1961–1974, Bonn, Zugriff unter: http://www.bpb.de/publikationen/01076900131314521849545168923836,8,0,Sozialliberale_Koalition_und_innere_Reformen.html#art8 [28.02.2012]

Aufgaben

1. *Erläutern Sie die Gründe, die in den 1960er Jahren dazu führten, dass die Bildungspolitik in den Vordergrund sozialpolitischer Überlegungen trat.*
2. *Beurteilen Sie, ob die angesprochenen Motive für Reformen im Bildungswesen heute noch vorhanden sind.*

1.2 Aufgaben eines Sozialstaates

Wie das vorausgegangene Kapitel gezeigt hat, waren sozialpolitische Entscheidungen des Staates immer auch von entsprechenden historischen Ereignissen bzw. ideologischen Überlegungen geprägt. Dies hat sich z. T. bis in die heutige Zeit erhalten. Trotzdem gibt es inzwischen feststehende Grundsätze, die ein Sozialstaat gewährleisten muss bzw. soll. In den Artikeln 20 und 28 des Grundgesetzes ist für die Bundesrepublik Deutschland Folgendes festgelegt:

> § Art. 20 GG (1) Die Bundesrepublik Deutschland ist ein demokratischer und sozialer Bundesstaat.
> Art. 28 GG (1) Die verfassungsmäßige Ordnung in den Ländern muss den Grundsätzen des republikanischen, demokratischen und sozialen Rechtsstaates im Sinne dieses Grundgesetzes entsprechen.

Daraus lässt sich ableiten, dass die Bundesrepublik Deutschland den Grundaspekt eines Sozialstaates realisieren muss. Allerdings wird – im Gegensatz zum Rechtsstaat – der soziale Auftrag des Staates, das Sozialstaatsgebot, nur an wenigen Stellen des Grundgesetzes im Einzelnen konkretisiert.

Das Grundgesetz sichert nur wenige soziale Grundrechte zu. Beispielsweise legt Art. 6 Abs. 4 fest: „Jede Mutter hat Anspruch auf den Schutz und die Fürsorge der Gemeinschaft."

Mehrere Grundrechtsartikel fordern jedoch vom Staat soziales Handeln:

- Aus der Verpflichtung der staatlichen Gewalt, die Menschenwürde zu achten und zu schützen (Art. 1), folgt, dass der Staat allen seinen Bürgern das materielle Existenzminimum sichern muss.

- Die Gleichberechtigung von Mann und Frau und das Diskriminierungsverbot, also das Verbot, jemanden aus irgendwelchen Gründen zu benachteiligen (Art. 3 Abs. 2 und 3), verpflichten dazu, soziale Ungleichheiten zu beseitigen und für Gleichbehandlung, z. B. am Arbeitsplatz, zu sorgen.
- Der Schutz von Ehe und Familie (Art. 6) gibt dem Staat auf, die finanziellen Belastungen von Familien durch Kindergeld und Steuervergünstigungen zu erleichtern und Mütter durch Kündigungsschutz und Mutterschaftsgeld abzusichern.
- Die Koalitionsfreiheit (Art. 9 Abs. 3) garantiert Arbeitnehmern, dass sie ihre Stellung im Arbeitsleben durch die Bildung von Gewerkschaften verbessern können.
- Die Sozialbindung des Eigentums (Art. 14 Abs. 2) ist ein Teil des Sozialstaatsgebots.

Pötzsch, Horst: Sozialstaat, in: Deutsche Demokratie. Grundlagen, hrsg. von der Bundeszentrale für politische Bildung, Bonn, Zugriff unter: http://www.bpb.de/themen/330P82,0,0,Sozialstaat.html [27.02.2012]

Verfassungsrechtliche Grundlagen des Sozialstaates

← 1.2/1

Sozialstaatsprinzip	Soziale Grundwerte	Bestandsgarantie
Art. 20 I GG: „Die Bundesrepublik ist ein demokratischer und sozialer Bundesstaat." Art. 28 I Satz 1 GG: „Die verfassungsmäßige Ordnung in den Ländern muss den Grundsätzen des republikanischen und sozialen Rechtsstaates im Sinne dieses Grundgesetzes entsprechen."	Art. 1 GG: „Die Würde des Menschen ist unantastbar. Sie zu achten und zu schützen ist Verpflichtung aller staatlichen Gewalt." (Abs. 1) „Die nachfolgenden Grundrechte binden Gesetzgebung, vollziehende Gewalt und Rechtsprechung als unmittelbares Recht." (Abs. 3) Grundrechte, insbesondere Art. 3 GG – Gleichheit vor dem Gesetz Art. 6 GG – Schutz von Ehe und Familie Art. 9 III GG – Koalitionsfreiheit Art. 14 II GG – Sozialbindung des Privateigentums	Art. 79 II GG: „Eine Änderung dieses Grundgesetzes, durch welche [...] die in den Art. 1 und 20 niedergelegten Grundsätze berührt werden, ist unzulässig." Art. 19 GG: „In keinem Falle darf ein Grundrecht in seinem Wesensgehalt angetastet werden."

Albeck, Hermann/Meinhardt, Volker/Vortmann, Heinz (Manuskript): Der Sozialstaat, in: Bundeszentrale für politische Bildung (Hg.): Informationen zur politischen Bildung Nr. 215, Der Sozialstaat, Bonn, 1990, S. 12

Aufgabe

Nennen Sie konkrete Gesetze, mit deren Hilfe die sozialstaatlichen Aspekte der einzelnen Artikel im Grundgesetz umgesetzt werden sollen (z. B. Schutz von Ehe und Familie = Steuererleichterung für Familien mit Kindern).

Sozialstaat

← 1.2/2

Verfassungsauslegung und einfache Gesetzgebung folgen der Überzeugung, dass Menschenwürde, freie Entfaltung der Persönlichkeit und Gleichheit nicht allein durch rechtsstaatliche Garantien gegen Staatseingriffe geschützt werden müssen; sie bedürfen vielmehr zu ihrer Verwirklichung auch der sozialen Sicherheit des Einzelnen. So wird das sozialstaatliche Element der Verfassung auch als Sozialpflicht des Staates verstanden.
Der Staat hat soziale Gerechtigkeit im Sinne einer gerechten Sozialordnung zu verwirklichen und für einen Ausgleich der sozialen Gegensätze zu sorgen.
Bei der Auslegung des Rechts kommt dem sozialstaatlichen Element erhebliche Bedeutung zu. Es enthält zugleich eine Garantie für den Bestand der Grundzüge des Systems der sozialen Sicherheit, vor allem von Sozialversicherung, Sozialhilfe und Arbeitsschutz.

Heide, Wolfgang; Ziller, Gebhard: Legislative, Exekutive, Rechtsprechung, 19. Auflage, Troisdorf: Bildungsverlag EINS, 2003, S. 7

Aufgabe

Warum wird das sozialstaatliche Element der Verfassung auch als Sozialpflicht des Staates verstanden?

Letztlich bleibt die Ausgestaltung des Sozialstaates dem Gesetzgeber überlassen. Trotzdem kann man dem Sozialstaat grundsätzliche „Aufgaben" zuordnen:

- Herstellung sozialer Gerechtigkeit,
- Gewährleistung sozialer Sicherheit,
- Sicherung eines sozialen Existenzminimums,
- Ausgleich möglicher sozialer „Ungleichheiten".

Soziale Gerechtigkeit

Demonstration gegen Sozialabbau

Grundsätzlich lässt sich festhalten, dass es keine allgemeingültige Definition des Begriffes „soziale Gerechtigkeit" gibt, sondern mehrere, teilweise sich widersprechende Erklärungen. So wird einmal von der Verteilungsgerechtigkeit gesprochen. Gemeint ist damit, dass die Verteilung wirtschaftlicher Güter (Besitz, Einkommen) „gerecht" sein muss. Das bedeutet, dass der Staat denjenigen, die viel besitzen, etwas nimmt, um es denen zu geben, die wenig besitzen. Andere bringen den Begriff „soziale Gerechtigkeit" in Verbindung mit Chancengerechtigkeit (Chancengleichheit). Hier beschränkt man sich darauf, den Menschen gleiche Möglichkeiten und Chancen (z. B. im Bereich der Bildung) zu geben.

Soziale Sicherheit

Auch der Begriff der sozialen Sicherheit lässt sich nicht so einfach definieren. Allgemein kann man ihn vielleicht wie folgt umschreiben: Durch soziale Sicherheit ist gewährleistet, dass Menschen auch nach einer negativen Veränderung ihrer Lebenssituation (z. B. durch Arbeitslosigkeit, Krankheit etc.) ihren Lebensstandard beibehalten können.

Soziales Existenzminimum

Im Zusammenhang mit der sozialen Sicherheit ist dann auch das soziale Existenzminimum zu sehen. Das soziale Existenzminimum umfasst grundlegende und unverzichtbare Güter und Dienstleistungen. Grundsätzlich wird das Existenzminimum in einem Geldbetrag festgelegt, mit dem man sich die entsprechenden Güter und Dienstleistungen leisten kann. Zum Existenzminimum gehören nicht nur Nahrung, Kleidung und Wohnung, sondern auch Aspekte der Kultur (z. B. Theater, Kino), Information (z. B. Fernseher) und Kommunikation (z. B. Telefon).

Soziale Ungleichheit

Soziale Ungleichheit liegt dann vor, wenn Menschen von Dingen, die in einer Gesellschaft als zentral angesehen werden, mehr besitzen und sie leichter erhalten als andere, denen der Zugang zu diesen Positionen und damit verbundenen materiellen Möglichkeiten nur schwer möglich ist. Gemeint sind damit z. B. Bildung, berufliche Positionen, Geld bzw. Macht und Einfluss etc.

Ein Mann durchwühlt einen Mülleimer nach Brauchbarem.

← 1.2/3

Soziale Gerechtigkeit im OECD-Vergleich

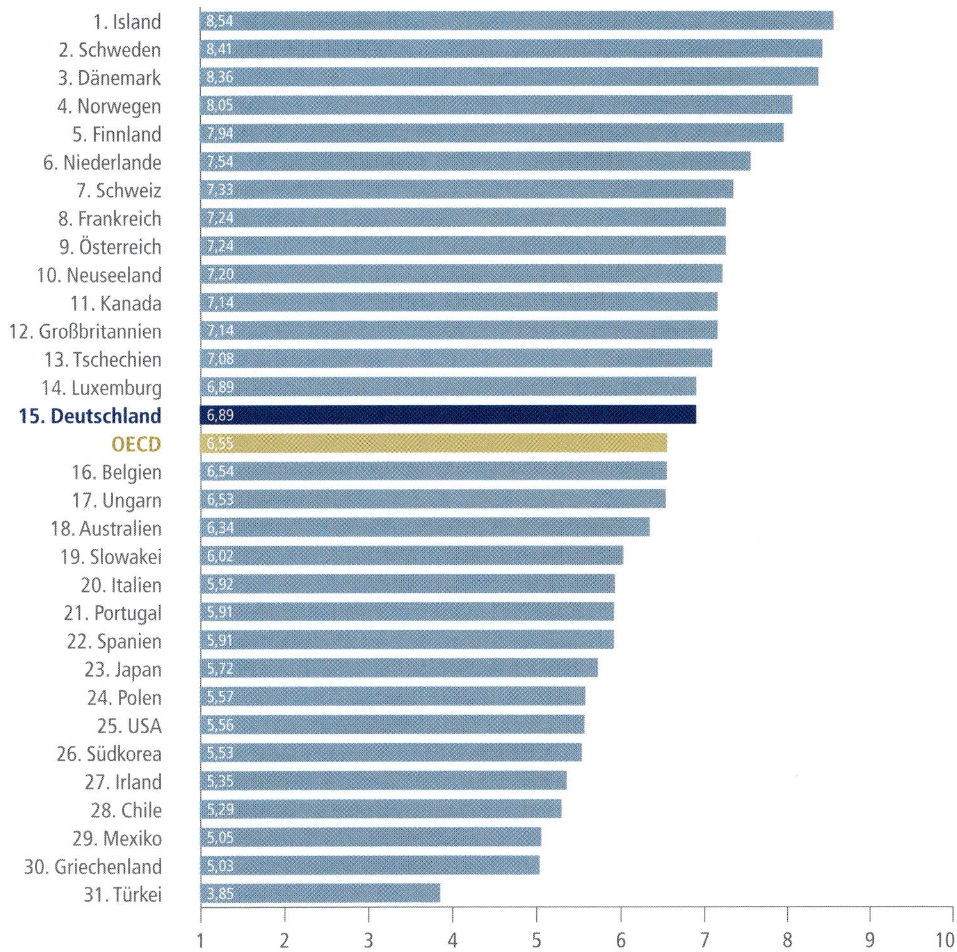

Quelle: Eigene Berechnungen. | BertelsmannStiftung

© Bertelsmann Stiftung, Gütersloh 2010

aus: Soziale Gerechtigkeit in der OECD - Wo steht Deutschland?

Deutschland liegt beim Thema „Soziale Gerechtigkeit" in einem OECD-Vergleich nur auf Platz 15 von 31. Defizite gibt es vor allem in den Bereichen Bildung und Arbeitsmarkt.

Aufgaben

1. *Was gehört für Sie zur sozialen Gerechtigkeit?*
2. *Wie beurteilen Sie persönlich die Verwirklichung der sozialen Gerechtigkeit in der Bundesrepublik Deutschland?*

Die Ausgestaltung der einzelnen Aufgabenfelder der Sozialpolitik bleibt, wie oben schon erwähnt, dem Gesetzgeber überlassen, was letztlich auch wieder von drei Faktoren beeinflusst wird:

1. den finanziellen Rahmenbedingungen des Staates: Wenn der Staat ausreichend finanzielle Mittel zur Verfügung hat, kann er, logischerweise, entsprechend handeln und beispielsweise seine Definition eines sozialen Existenzminimums ganz anders festlegen als z. B. ein hoch verschuldeter Staat;
2. den politischen Überzeugungen des Gesetzgebers: Je nachdem welche Mehrheitsverhältnisse im Parlament herrschen, gibt es unterschiedlich geprägte Ansichten von der Ausgestaltung des Sozialstaates. Die Partei „Die Linke" hat demnach andere Vorstellungen (z. B. vom sozialen Existenzminimum) als beispielsweise die FDP;
3. dem Lebensstandard: Hier ist die Art gemeint, in der Lebensbedürfnisse befriedigt werden können (z. B. gehört dazu ein Fernsehgerät oder Computer mit Internetzugang usw.). So ist der Lebensstandard in den verschiedenen Ländern unterschiedlich, er kann sich aber durch entsprechende Ereignisse auch im jeweiligen Land selbst stark verändern.

Zusammenfassend lässt sich also festhalten, dass der Staat im Rahmen seiner Aufgaben als Sozialstaat Maßnahmen ergreifen muss, um den Menschen in *Notlagen* zu helfen bzw. möglichst schon im Vorfeld diese Notlagen zu vermeiden bzw. auszuschließen. Dieses Vorgehen wird allgemein als „Sozialpolitik" bezeichnet.

Weltweite Lebensbedingungen

Nach dem Index für die menschliche Entwicklung (HDI); in 187 Ländern bewertet: Lebenserwartung, Gesundheit, Zugang zu Wissen sowie menschenwürdiger Lebensstandard.

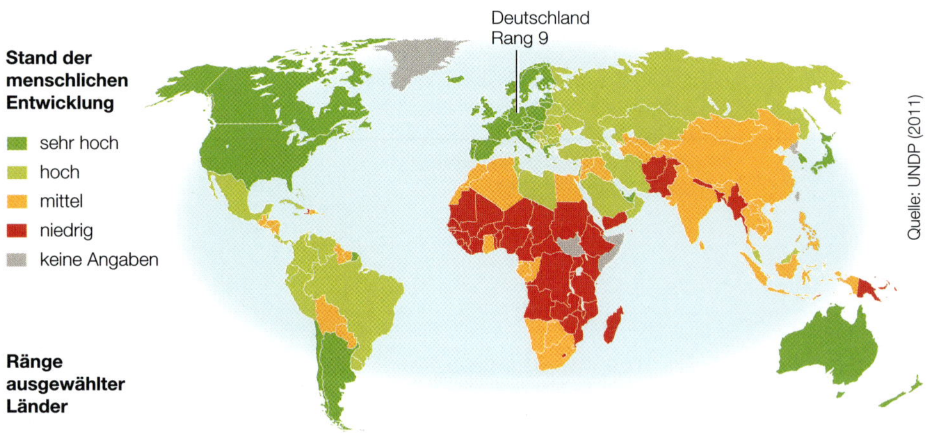

Ränge ausgewählter Länder

Sehr hoch		hoch		mittel		niedrig	
1	Norwegen	57	Mexiko	101	China	158	Haiti
2	Australien	66	Russland	113	Ägypten	172	Afghanistan
3	Niederlande	84	Brasilien	119	Syrien	185	Burundi
4	USA	88	Iran	123	Südafrika	186	Niger
5	Neuseeland	92	Türkei	134	Indien	187	Dem. Rep. Kongo

© Globus 4619

← 1.2/4

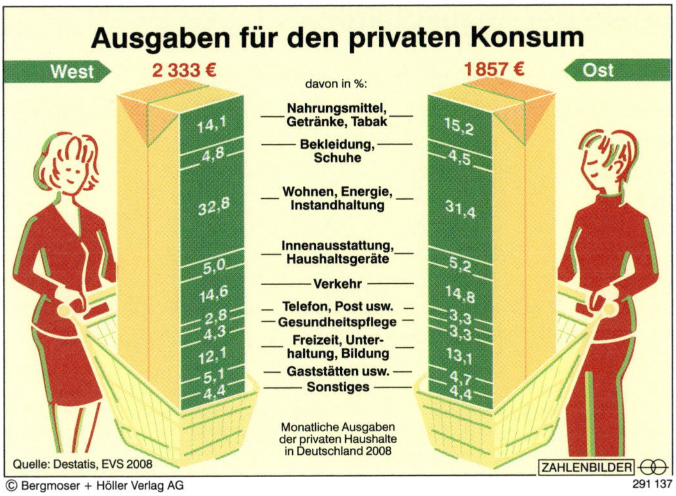

Aufgaben

1. *Was sagt die oben abgebildete Grafik über den Lebensstandard in der Bundesrepublik Deutschland aus?*
2. *Erstellen Sie eine Liste, was Ihrer Meinung nach heute alles zum durchschnittlichen Lebensstandard in der Bundesrepublik Deutschland zählt.*

← 1.2/5

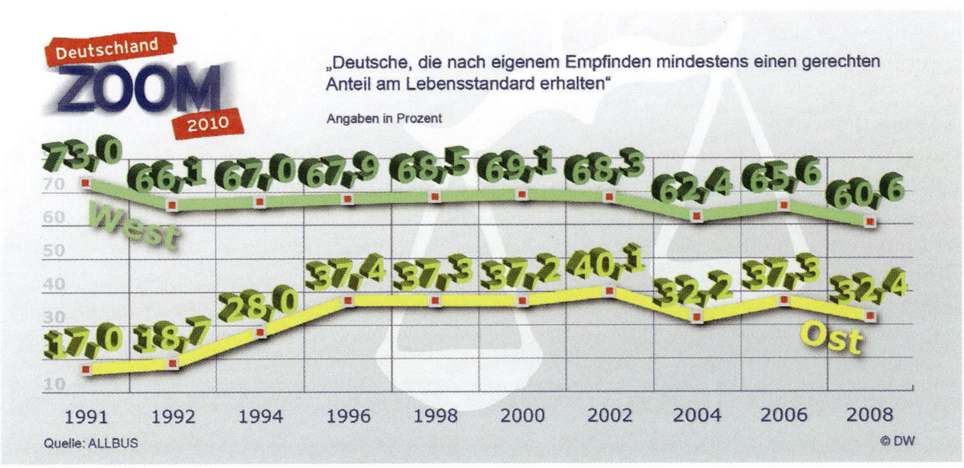

Quelle: ALLBUS (GESIS), Deutsche Welle

Aufgaben

1. *Interpretieren Sie die oben abgebildete Grafik.*
2. *Was könnten Ihrer Meinung nach die Ursachen für das oben dargestellte Ergebnis sein?*

1.3 Orientierungspunkte der Sozialpolitik[1]

Wie im vorausgegangenen Kapitel deutlich wurde, besteht für Sozialpolitik ein verfassungsrechtlich vorgeschriebener Staatsauftrag (Grundgesetz). Wie bei jedem Auftrag müssen allerdings die Rahmenbedingen, Ziele etc. festgelegt sein, was im Rahmen der Sozialpolitik durch die Sozialgesetze erfolgt. Daraus lassen sich grundsätzlich vier Funktionen der Sozialpolitik ableiten.

Ausgleichsfunktion

Darunter versteht man, dass der Staat Maßnahmen ergreifen muss, um „Benachteiligungen" auszugleichen. Diese Benachteiligungen können unterschiedlicher Natur sein:

a) Ökonomische Ursachen
Finanzielle Aspekte können zu Benachteiligungen führen. Als Beispiel sei hier die Bildung genannt. Ein Schul- oder Hochschulbesuch kostet viel Geld und nicht alle Menschen können sich dies leisten. Diese Tatsache kann dazu führen, dass sich Bildung nur die finanziell gut Gestellten, um es einfacher auszudrücken, die Reichen leisten könnten. Hier muss der Staat Maßnahmen ergreifen, um diese Benachteiligung auszugleichen (z. B. durch BAföG).

b) Regionale Ursachen
Auch ein bestimmter Wohnort kann zu Benachteiligungen führen. Natürlich kann jeder seinen Wohnort frei wählen und selbst bestimmen, wo er leben möchte. Würde der Staat jedoch nicht versuchen, vorhandene Benachteiligungen auszugleichen, dann wären ganze Landstriche in der Bundesrepublik Deutschland „menschenleer". Wer möchte schon in einem Ort leben, an dem es keine Geschäfte, keine Schulen, keine kulturellen Einrichtungen oder Freizeitmöglichkeiten gibt und der nächste Arzt und das nächste Krankenhaus 50 km weit entfernt sind? Auch hier muss der Staat Maßnahmen ergreifen, um derartige Benachteiligung auszugleichen (z. B. durch Infrastrukturmaßnahmen).

c) Soziale Ursachen
Als augenscheinlichstes Beispiel für diese Form der Benachteiligung sei hier der Aspekt der Behinderung genannt. Kein Mensch kann etwas für seine Behinderung, trotzdem ist er gegenüber Nichtbehinderten klar benachteiligt. Auch hier muss der Staat Maßnahmen ergreifen, um einen annähernden Ausgleich zu erreichen (z. B. duch das Schwerbehindertengesetz, barrierefreie öffentliche Einrichtungen).

---

[1] *vgl. Frevel, Bernhard: Sozialpolitik – Grundlagen, Orientierungspunkte und Gestaltung, Freising, VS Verlag für Sozialwissenschaften, 2001, S. 8–11*

← 1.3/1

Luftaufnahme des Ortes Dickenschied
Quelle: Gerhard Launer WFL-GmbH, Rottendorf

Luftaufnahme der Stadt Mainz

Aufgaben

1. *Erläutern Sie die infrastrukturellen Unterschiede, die beim Vergleich der beiden Luftaufnahmen deutlich werden.*
2. *Welche Maßnahmen könnte Ihrer Meinung nach der Staat ergreifen, um einen annähernden Ausgleich für die Menschen, die in Dickenschied wohnen, zu erreichen?*

Partizipationsfunktion

Eine Gesellschaft wie die der Bundesrepublik Deutschland lebt von der Beteiligung, Mitwirkung und Mitbestimmung ihrer Bürger. So muss gewährleistet sein, dass alle Menschen die Möglichkeit haben, sich an Politik, Bildung und Kultur, der Arbeitswelt und vielen anderen Aspekten des gesellschaftlichen Lebens zu beteiligen und entsprechend mitzuwirken. Dazu muss der Staat die jeweils notwendigen Maßnahmen ergreifen, indem er z. B. für ausreichende finanzielle Mittel sorgt und den Zugang zu gesellschaftlichen Organisationen für alle offen gestaltet.

Integrationsfunktion

In jeder Gesellschaft gibt es die unterschiedlichsten und z. T. auch gegensätzlichsten Gruppen und Gruppierungen mit den unterschiedlichsten Interessen und Bedürfnissen. Damit allen Menschen eine Beteiligung am gesellschaftlichen Leben ermöglicht wird und die Gesellschaft nicht „auseinanderbricht“, muss der Staat entsprechende Maßnahmen ergreifen, um eine Integration dieser Gruppen zu ermöglichen (z. B. Integration von Menschen mit Migrationshintergrund).

Befriedungsfunktion

In jeder Gesellschaft gibt es zwischen den verschiedenen Gruppen Konflikte (z. B. zwischen Arbeitgebern und Arbeitnehmern). Damit diese Konflikte nicht eskalieren und den sozialen Frieden gefährden, muss der Staat mittels Sozialpolitik Maßnahmen ergreifen, um so die friedliche Konfliktbewältigung und -lösung zu garantieren.

Fasst man die oben genannten Punkte zusammen, so wird deutlich, dass Sozialpolitik heute weit über eine Spezialpolitik für Bedürftige hinausgeht; sie hat die gesamte Gesellschaft im Blick. Das bedeutet aber auch, dass Sozialpolitik flexibel und dynamisch sein muss, will sie den gestellten Anforderungen gerecht werden. Darüber hinaus muss sie die möglichen Entwicklungen der Gesellschaft (z. B. die Sozialstruktur, vgl. dazu Kap. 2, S. 98ff., und den sozialen Wandel, vgl. dazu Kap. 3, S. 108ff.) beachten, um auf mögliche Veränderungen angemessen reagieren zu können.

← 1.3/2

Aufgaben

1. *Die oben stehenden Abbildungen zeigen Angehörige verschiedener sozialer Gruppen, die alle in der Bundesrepublik Deutschland leben. Erläutern Sie jeweils drei unterschiedliche Maßnahmen, die der Staat ergreifen könnte, um die Integration der gegensätzlichen Gruppen zu ermöglichen.*
2. *Was könnten Sie persönlich zur Integration der entsprechenden Gruppen beitragen?*

1.4 Prinzipien der Sozialpolitik

Die in den vorangegangenen Kapiteln skizzierten Aufgaben und Orientierungspunkte der Sozialpolitik können nun nach verschiedenen Prinzipien umgesetzt werden. Politisch immer wieder umstritten und z. T. heftig diskutiert, kann man grundsätzlich nach zwei Grundprinzipien vorgehen: dem Solidaritätsprinzip und dem Subsidiaritätsprinzip.

Solidaritätsprinzip

Dieses grundlegende Prinzip der Sozialpolitik bedeutet, dass ein Bürger nicht allein für sich selbst verantwortlich ist, sondern auch für die anderen Mitglieder der Gesellschaft. Charakteristisch für das Solidaritätsprinzip ist der Grundsatz: „Einer für alle und alle für einen." Ganz allgemein bedeutet dies also, dass alle in einen „Topf" einzahlen und derjenige, der in „Not" gerät, aus diesem Topf eine entsprechende finanzielle „Hilfe" erhält. Grundsätzlich liegt dieses Prinzip den gesetzlichen Sozialversicherungen zugrunde (Kranken-, Unfall-, Renten-, Arbeitslosen- und Pflegeversicherung). Die Beiträge zu den Versicherungen, die der Einzelne zu entrichten hat, richten sich nicht nach der Leistung und dem Risiko, sondern vielmehr nach sozialen Aspekten, unter denen der Versicherte betrachtet wird. Dabei lassen sich folgende wichtige Elemente festhalten:

- Die Beiträge richten sich nach der Höhe des Bruttoeinkommens des Versicherten. Dies bedeutet auch, dass eine Solidarität zwischen Besserverdienenden (die mehr zahlen müssen) und Menschen mit eher geringem Einkommen geschaffen wird. Eine weitere Besonderheit besteht darin, dass der Arbeitgeber in der Regel die Hälfte der Beiträge (Ausnahme ist die gesetzliche Unfallversicherung, die der Arbeitgeber zu 100 % trägt) bezahlt, womit wieder eine Solidarität zwischen Arbeitgeber und Arbeitnehmer geschaffen wird.
- Die Leistungen, die ein Beitragszahler in einer „Notsituation" erhält, sind standardisiert, d. h. im Regelfall für alle gleich.
- Eine direkte und konkrete Gegenleistung für die bezahlten Beiträge gibt es nicht, was wiederum bedeutet, dass z. B. im Krankheitsfall der Anspruch auf medizinische Leistungen unabhängig von der jeweiligen Beitragshöhe ist.

← 1.4/1

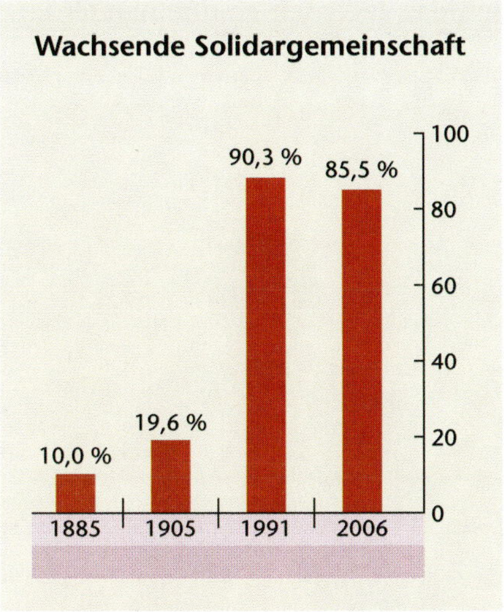

GKV – Verbände der gesetzlichen Kranken- und Pflegeversicherung auf Bundesebene, Berlin (Hg.), Zugriff unter:http://www.g-k-v.de/gkv/index.php?id=628 [28.02.2012]

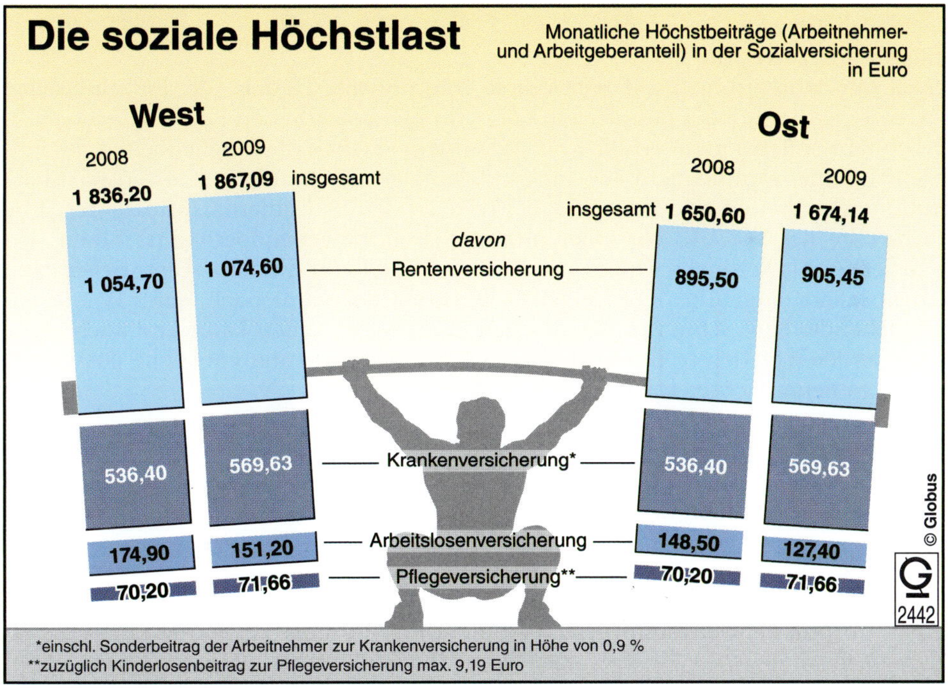

Aufgaben

1. *Erläutern Sie drei Vorteile des Solidaritätsprinzips.*
2. *Was halten Sie persönlich vom Solidaritätsprinzip? Begründen Sie Ihre Aussage.*
3. *Glauben Sie, dass das in Deutschland praktizierte Solidaritätsprinzip sozial gerecht ist? Begründen Sie Ihre Meinung.*

Das Solidaritätsprinzip bezeichnet also grundsätzlich das gegenseitige füreinander Eintreten in einer Gemeinschaft (Junge für Alte, Vielverdiener für Menschen mit einem geringen Einkommen etc.).

Subsidiaritätsprinzip

Ebenfalls ein grundlegendes Prinzip ist das Subsidiaritätsprinzip, das im Grunde genommen den Gegensatz zum Solidaritätsprinzip darstellt. Grundsätzlich bedeutet es, dass man auf die persönlichen Fähigkeiten, die Selbstverantwortung und Selbstbestimmung setzt – einfach ausgedrückt: „Jeder für sich". Das heißt also, dass im Rahmen der *Sozialpolitik* eine Wahrnehmung von (sozialen) Aufgaben durch den Staat nur dann erfolgen soll, wenn diese vom privaten Umfeld (der Einzelne selbst und/oder seine Familie) des Betroffenen oder von nicht staatlichen Einrichtungen (z. B. freie Wohlfahrtspflege) nicht erfüllt werden können. Reichen die Möglichkeiten des Einzelnen bzw. seiner Familie nicht aus, um seine Notlage zu bewältigen, müssen staatliche Institutionen eingreifen und helfen. Dabei ist nach dem Subsidiaritätsprinzip der Hilfe zur Selbsthilfe der Vorrang vor einer unmittelbaren Aufgabenübernahme durch den Staat zu geben. Als Beispiel sei hier Hartz IV (= IV. Gesetz für moderne Dienstleistungen am Arbeitsmarkt) angeführt. Leistungen bzw. Hilfen bekommt nach Hartz IV nur ein Arbeitssuchender bzw. seine Familie, der sich nicht selbst helfen kann und auch keine Hilfe von anderen Stellen (z. B. Angehörigen) erhält. Das bedeutet vor allem, dass zuerst Folgendes zu berücksichtigen ist:

1. die eigene Arbeitskraft (so bestimmt z. B. ein Gesetz, welche Tätigkeiten/Arbeiten zumutbar bzw. unzumutbar sind),

2. das eigene Einkommen und/oder Vermögen,

3. Hilfeleistungen von anderen.

Letztere können sich beispielsweise etwa aufgrund rechtlicher Verpflichtung (z. B. Unterhaltsanspruch) oder moralischer Verpflichtung (Familie, Ehegatten oder Lebenspartner) ergeben. Ebenfalls mit dazu zählen z. B. Rückforderungsansprüche gegen einen Beschenkten (innerhalb der letzten 10 Jahre), Erbteilsansprüche und Schadensersatzansprüche.

Neben den beiden oben angeführten „Grundprinzipien", dem Solidaritätsprinzip und dem Subsidiaritätsprinzip, gibt es weitere Prinzipien, die sich aus diesen ergeben.

§ **§ 2 SGB XII Nachrang der Sozialhilfe**

(1) Sozialhilfe erhält nicht, wer sich vor allem durch Einsatz seiner Arbeitskraft, seines Einkommens und seines Vermögens selbst helfen kann oder wer die erforderliche Leistung von anderen, insbesondere von Angehörigen oder von Trägern anderer Sozialleistungen, erhält.

← 1.4/2

Zumutbarkeitsregelung

Empfänger von Arbeitslosengeld II (Leistungen der Grundsicherung für Arbeitsuchende) sind verpflichtet, jede Arbeit anzunehmen, zu der sie geistig, seelisch und körperlich in der Lage sind. Wer ohne wichtigen Grund zumutbare Arbeit ablehnt, dessen Geldleistung wird gekürzt. Als zumutbar gilt z. B. für Alleinstehende ein Umzug in eine andere Stadt, wenn sie dort einen Arbeitsplatz angeboten bekommen. Außerdem müssen sie eine Stelle auch dann annehmen, wenn die Bezahlung bis zu 30 % unter dem Tariflohn liegt.

Quelle: existere e. V.

Auch Arbeitslosengeldempfänger sind grundsätzlich verpflichtet, jede Arbeit anzunehmen, soweit keine allgemeinen oder personenbezogenen Gründe dem entgegenstehen. Wer dennoch eine zumutbare Arbeit ablehnt, dessen Arbeitslosengeldzahlung wird kurzzeitig ausgesetzt (Sperrzeit).

Zumutbarkeitsregelung, in: Lexikon. Soziale Sicherung von A bis Z, hrsg. von der Stiftung Jugend und Bildung, Berlin, Zugriff unter: http://www.sozialpolitik.com/webcom/show_lexikon.php?wc_c=12&wc_cat=15&wc_id=45 [14.02.2012]

Aufgaben

1. *Erläutern Sie mithilfe der oben angeführten Quellen das Subsidiaritätsprinzip.*
2. *Was halten Sie persönlich vom Subsidiaritätsprinzip? Begründen Sie Ihre Aussage.*
3. *Welches der beiden Grundprinzipien halten Sie für das bessere? Begründen Sie Ihre Meinung.*

Äquivalenzprinzip

Beim Äquivalenzprinzip handelt es sich um ein Individualversicherungsprinzip. Dabei werden für jeden Versicherten seinem persönlichen Risiko entsprechende Beiträge erhoben. Dies gilt vor allem für die private Krankenversicherung. Dabei sind z. B. das Eintrittsalter, das Geschlecht, der jeweilige Gesundheitszustand zum Zeitpunkt der Antragstellung und natürlich die Art und der Umfang der gewünschten Versicherungsleistungen für die individuelle Höhe der Beiträge von Bedeutung. Durch das Äquivalenzprinzip werden die Beiträge zur Versicherung so kalkuliert, dass die eingehenden Beiträge mit den entstehenden Leistungen der Versicherung in einem Gleichgewicht stehen – und zwar über die gesamte Laufzeit der Versicherung. Das Äquivalenzprinzip ist damit das Gegenteil des Solidaritätsprinzips der gesetzlichen Krankenversicherung, bei dem sich die Beiträge nach dem Einkommen des Versicherten und nicht nach einem zu versichernden Risiko richten. Das Äquivalenzprinzip steht in engem Zusammenhang mit dem Versicherungsprinzip.

Versicherungsprinzip

Versicherung bedeutet eigentlich immer Risikoausgleich. Ein Risikoausgleich durch Versicherungsunternehmen (z. B. private Krankenversicherung, Haftpflichtversicherung etc.) erfolgt durch Bildung von „Gemeinschaften mit gleichem oder ähnlichem Risiko“ im Sinn eines Zusammenschlusses von Personen, die von gleichartigen Gefahren bedroht sind. Durch die laufende Beitragszahlung aller Versicherten soll gewährleistet sein, dass bei Eintritt eines Schadens der für den Schadensausgleich notwendige Betrag bereitgestellt werden kann. Daraus folgt, dass die Höhe der von Einzelnen zu leistenden Beitragszahlung grundsätzlich von der Höhe des Risikos abhängt, mit dem sie die Versichertengemeinschaft belasten. Es herrscht hier die Idee der *gemeinsamen Selbsthilfe* nach Maßgabe des Äquivalenzprinzips im Sinn eines Verhältnisses auf Gegenseitigkeit.

Quelle: existere e. V., Träger des Projekts: cogbyte-Schülerplattform, www.cogbyte.de

Versorgungsprinzip

Beim Versorgungsprinzip entstehen Leistungsansprüche nicht aufgrund von Beitragszahlungen, sondern aufgrund besonderer Vorleistungen bzw. Opfer, z. B. Leistungen für den Staat (Dienstleistungen als Beamte, Wehrdienst). Das heißt, dass eine Mitgliedschaft nicht notwendig ist. Auf Versorgungsleistungen besteht ein Rechtsanspruch. Sie sind nach Art und Höhe entsprechender Vorgaben festgelegt. Finanzierungsquelle sind Steuereinnahmen.

← 1.4/3

GESUNDHEITSREFORM – DIE SENKUNG DER BEITRAGSSÄTZE IST MÖGLICH!!

Aufgaben

1. *Interpretieren Sie die oben abgebildete Karikatur.*
2. *Auf welche Prinzipien bezieht sich diese Karikatur?*

← 1.4/4

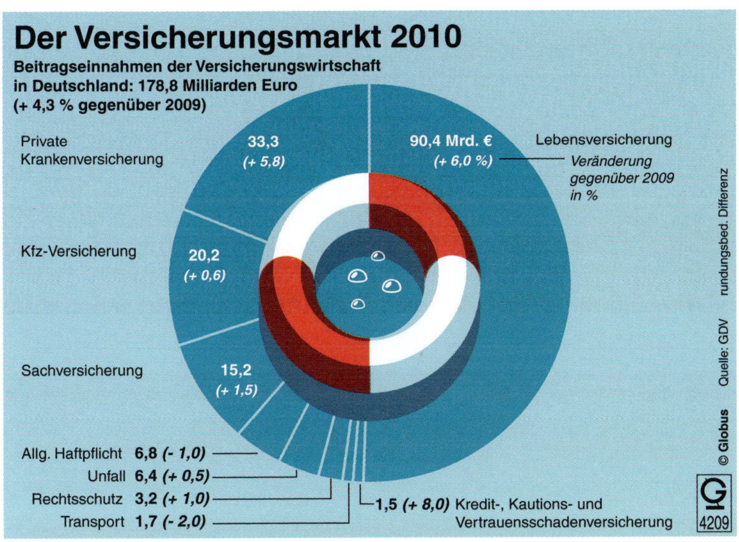

Aufgaben

1. *Welche Vorteile hat es, wenn man sich nach dem Äquivalenzprinzip versichert?*
2. *Welche der oben aufgeführten Versicherungen haben Sie persönlich abgeschlossen? Begründen Sie Ihre Wahl der entsprechenden Versicherungen.*

Man kann vor allem zwei Leistungsbereiche der Versorgung unterscheiden:

1. Öffentlicher Dienst
(Versorgung der Beamten, Richter, Polizei, Berufssoldaten, z. B. bei Krankheit, Altersversorgung (Pensionen), Hinterbliebenenversorgung und Versorgung der Unfallopfer bei Dienstunfällen).

2. Soziale Entschädigung für Sonderopfer
Kriegsopferversorgung und Wehrdienstbeschädigung (gesundheitliche Schädigung, die im Rahmen des Wehrdienstes entstanden ist) nach dem Bundesversorgungsgesetz, Entschädigung für Opfer von Straftaten nach dem Opferentschädigungsgesetz, Entschädigung bei Impfschäden nach dem Bundesseuchengesetz.

Fürsorgeprinzip

Das Fürsorgeprinzip setzt keine finanziellen oder sonstigen Leistungen bzw. bestimmte „Opfer" voraus. Nach diesem Prinzip werden Leistungen des Staates zur Abwendung individueller Notlagen an Menschen erbracht, die nicht aus eigener Kraft ihren Lebensunterhalt sichern können. Diese Hilfe soll soweit wie möglich als Hilfe zur Selbsthilfe gewährt werden. Folgende wichtigen Aspekte sind dabei zu beachten:

- Die Leistungen werden erst erbracht, wenn alle anderen Möglichkeiten (Versicherung, Versorgung, eigenes Vermögen, Unterhaltsansprüche) ausgeschöpft sind.
- Die Leistungen werden erst erbracht nach einer individuellen Bedürftigkeitsprüfung.
- Die Leistungen können Geldleistungen, Sachleistungen, aber auch persönliche Hilfe durch die Sozialämter (Sozialarbeiter) enthalten.

Dass soziale Sicherungssysteme notwendig sind, und zwar unabhängig davon, welche Grundprinzipien bzw. Ausführungsprinzipien man favorisiert, ist unstrittig. In welche Richtung sich diese Systeme entwickeln werden, hängt zum größten Teil von der Entwicklung der Gesellschaft in der Zukunft ab. Deshalb werden sich die nächsten Kapitel dieses Buches mit der Sozialstruktur und dem sozialen Wandel in der Bundesrepublik Deutschland beschäftigen und gleichzeitig die hierdurch entstandenen Probleme und deren mögliche Lösungen aufzeigen.

← 1.4/5

	Versicherungsprinzip	Versorgungsprinzip	Fürsorgeprinzip
Sicherungsvoraus-setzung	Mitgliedschaft in Versicherung	speziell eingeräumter Rechtsanspruch	individuelle Notlage
Leistungsanspruch	bei Eintritt Versicherungsfall	bei Vorliegen gesetzlich bestimmter Merkmale	bei Bedürftigkeit
Leistungshöhe	standardisiert nach Art der Versicherungsfälle	standardisiert nach Art des Versorgungsfalls	individualisiert nach Art und Umfang der Bedürftigkeit
Gegenleistung	ja, Versicherungsbei-träge	ja, nichtfinanzielle Sonderopfer (-leistungen) für Gemeinschaft	nein
Bedürftigkeitsprü-fung	nein	nein	ja

Albeck, Hermann/Meinhardt, Volker/Vortmann, Heinz (Manuskript): Der Sozialstaat, in: Bundeszentrale für politische Bildung (Hg.): Informationen zur politischen Bildung Nr. 215, Der Sozialstaat, Bonn, 1990, S. 27

Aufgaben

1. *Wodurch unterscheiden sich die Prinzipien?*
2. *Warum reicht es nicht aus, sich in einem Staat ausschließlich auf das Versicherungsprinzip zu beschränken?*

← 1.4/6

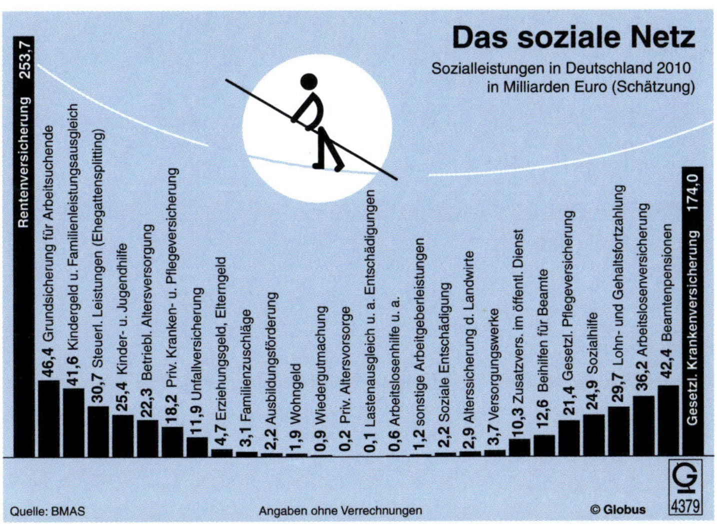

Aufgaben

1. *Ordnen Sie die einzelnen Aspekte des sozialen Netzes den Prinzipien der sozialen Sicherung zu.*
2. *Welches ist Ihrer Meinung nach das wichtigste Prinzip? Begründen Sie Ihre Meinung.*

Wichtiges Wissen

Geschichte und Entwicklung des Sozialstaates

Kaiserreich (1871–1918)	Vorreiterrolle für die Entwicklung eines Sozialstaates, Einrichtung sozialer Sicherungssysteme (Kranken-, Unfall-, Invaliditäts- und Altersversicherung)
Weimarer Republik (1919–1933)	Sozialpolitik zur Beseitigung der Kriegsfolgen, „überforderter Sozialstaat“
Drittes Reich (1933–1945)	Sozialpolitik zur Verwirklichung ideologischer Ziele
Bundesrepublik Deutschland (ab 1949)	Anfangsjahre: Beseitigung der Kriegsfolgen; im Folgenden: Ausbau der sozialen Sicherungssysteme. Zu Beginn des neuen Jahrtausends werden Reformen aufgrund des gesellschaftlichen Wandels durchgeführt.

Aufgaben eines Sozialstaates

Grundsätzliche Aufgaben	Herstellung sozialer Gerechtigkeit und sozialer Sicherheit, Sicherung eines sozialen Existenzminimums, Ausgleich möglicher sozialer „Ungleichheiten“.
Ausgestaltung	Die Ausgestaltung der einzelnen Aufgaben obliegt dem Gesetzgeber, sie wird beeinflusst durch folgende Faktoren: ▪ finanzielle Rahmenbedingungen des Staates, ▪ politische Überzeugungen, ▪ den allgemeinen Lebensstandard.

Orientierungspunkte der Sozialpolitik

Ausgleichsfunktion, Partizipationsfunktion, Befriedungsfunktion, Integrationsfunktion

Prinzipien der Sozialpolitik

Grundprinzipien	Solidaritätsprinzip Subsidiaritätsprinzip
Weitere Prinzipien	Äquivalenzprinzip Versicherungsprinzip Versorgungsprinzip Fürsorgeprinzip

Fragen

1. *Erläutern Sie die Gründe, die dazu führten, dass im Deutschen Kaiserreich soziale Sicherungssysteme eingeführt wurden.*
2. *Welche sozialen Sicherungssysteme wurden im Deutschen Kaiserreich eingeführt?*
3. *Warum kann man davon sprechen, dass das Deutsche Kaiserreich eine „Vorreiterrolle" in Bezug auf die Entwicklung eines Sozialstaates einnahm?*
4. *Welche Rolle spielte die Sozialpolitik in der Weimarer Republik?*
5. *Warum kann man bei der Weimarer Republik von einem „überforderten Sozialstaat" sprechen?*
6. *Welche Aufgabe hatte die Sozialpolitik im Dritten Reich?*
7. *Skizzieren Sie vier Phasen der Sozialpolitik der Bundesrepublik Deutschland seit ihrer Gründung 1949.*
8. *Wo finden sich im Grundgesetz Aussagen zu der verfassungsmäßigen Verpflichtung zu einem Sozialstaat?*
9. *Erläutern Sie die vier grundsätzlichen Aufgaben eines Sozialstaates.*
10. *Welche Faktoren beeinflussen die Ausgestaltung der sozialen Gesetze? Geben Sie jeweils zwei konkrete Beispiele.*
11. *Erläutern Sie die vier unterschiedlichen Orientierungspunkte der Sozialpolitik und geben Sie jeweils zwei konkrete Beispiele.*
12. *Was versteht man unter Solidaritätsprinzip?*
13. *Erläutern Sie drei Besonderheiten im Zusammenhang mit dem Solidaritätsprinzip.*
14. *Was versteht man unter dem Subsidiaritätsprinzip? Geben Sie zwei konkrete Beispiele.*
15. *Welches Grundprinzip ist Ihrer Meinung nach das bessere? Begründen Sie Ihre Meinung.*
16. *Was versteht man unter dem Äquivalenzprinzip?*
17. *Erläutern Sie zwei mögliche Vor- und Nachteile der Äquivalenzprinzips.*
18. *Was versteht man unter dem Versicherungsprinzip?*
19. *Erläutern Sie das Versorgungsprinzip und nennen Sie mindestens zwei mögliche Gruppierungen, auf die dieses Prinzip zutrifft.*
20. *Was halten Sie persönlich vom Versorgungsprinzip? Finden Sie es eher gut oder eher schlecht? Begründen Sie Ihre Meinung.*
21. *Was versteht man unter dem Fürsorgeprinzip?*
22. *Erläutern Sie drei wichtige Aspekte im Zusammenhang mit dem Fürsorgeprinzip.*
23. *Was versteht man im Zusammenhang mit dem Fürsorgeprinzip unter „Hilfe zur Selbsthilfe"?*

2 Sozialstrukturen in der Bundesrepublik Deutschland

2.1 Soziodemografische Struktur und Entwicklung

Die Demografie als Bevölkerungswissenschaft ist eine wissenschaftliche Disziplin, die sich sowohl mit der Zahl der menschlichen Bevölkerungen als auch mit ihrer Verteilung im Raum befasst. Dabei geht es insbesondere um die sozialen Faktoren, die für bestimmte Veränderungen verantwortlich sind.

Die **soziodemografische Struktur** in Deutschland hat sich in den letzten Jahren erheblich verändert.

Gründe hierfür sind zum einen der Rückgang der Geburtenrate: Die Zahl der Kinder in den Familien nimmt stetig ab. Das Ende dieses Trends ist noch nicht abzusehen, da für viele Paare ihre persönlichen Interessen und die berufliche Karriere im Vordergrund stehen.

Zum anderen nimmt die Zahl der älteren Menschen in Deutschland zu: Eine gesundheitsbewusste Lebensweise, die Verbesserung der Arbeitssicherheit und insbesondere Fortschritte in der Medizin erhöhen die Lebenserwartung der Menschen.

Hierbei gibt es durchaus Unterschiede in den verschiedenen Regionen unseres Landes. So verzeichnen insbesondere die östlichen Bundesländer einen dramatischen Rückgang an der Zahl junger Menschen. Die Geburtenrate ist nach der Wende drastisch gesunken, und fehlende Arbeitsplätze haben dazu geführt, dass viele junge Menschen in wirtschaftlich stärkere Regionen abgewandert sind. Generell wird die Abnahme der Kinderzahl in den Familien auch durch die verstärkte Berufstätigkeit von Frauen begünstigt.

2.1/1

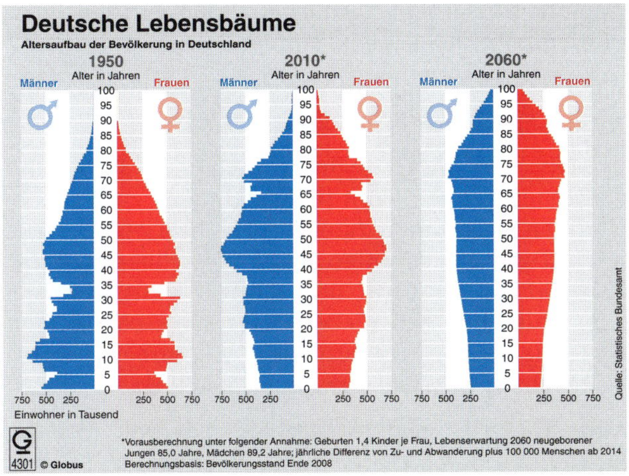

Aufgaben

1. *Beschreiben Sie die Entwicklung der Altersstruktur in Deutschland.*
2. *Welche Auswirkungen haben diese Veränderungen auf die Sozialversicherung, den Arbeitsmarkt und die notwendige Infrastruktur?*

2.1/2

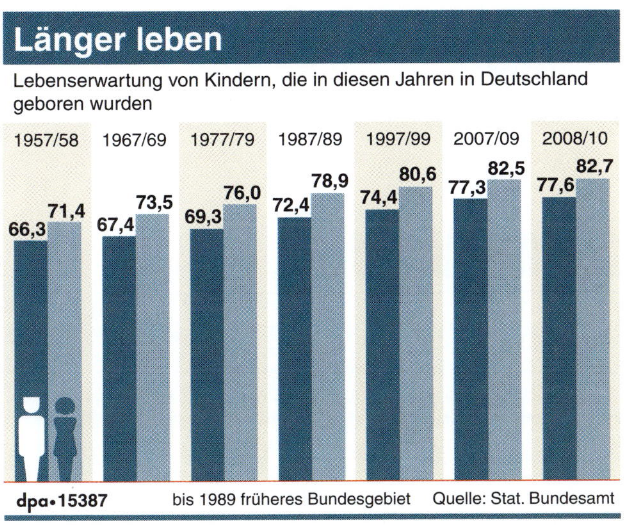

Aufgaben

1. *Beschreiben Sie die Entwicklung der Lebenserwartung in Deutschland.*
2. *Welche Ursachen hat diese Entwicklung?*
3. *Welche Auswirkungen hat diese Entwicklung?*
4. *Warum ist die Lebenserwartung von Frauen höher als die von Männern?*

Mit der Zeit wird der hier beschriebene demografische Wandel zu einem ernsten Problem für die Gesellschaft in der Bundesrepublik Deutschland werden.

Erwartet wird ein Fachkräftemangel, der sich negativ auf die wirtschaftliche Entwicklung auswirken wird. Besonders das Handwerk spürt diesen Mangel heute schon.

Da immer weniger aktiv arbeitende Menschen immer mehr Menschen im Ruhestand finanzieren müssen, gerät der Generationenvertrag (= mit ihren Beiträgen zur Rentenversicherung finanzieren die arbeitenden Menschen die Rentner) in Gefahr. Neue Finanzierungsformen für den Ruhestand werden benötigt. Es ist vorstellbar, dass die Rentenversicherung nur eine Grundversorgung abdeckt und darüber hinausgehende Leistungen durch die Arbeitnehmer im Laufe ihres Berufslebens selbst angespart werden müssen. Außerdem wird zurzeit schon eine weitere Erhöhung der Lebensarbeitszeit diskutiert. Ein Eintritt in die Rente mit 70 Jahren ist dabei durchaus vorstellbar.

Wenn mehr Menschen ein hohes Alter erreichen, steigt zwangsläufig auch die Zahl der pflegebedürftigen Menschen. Die Kosten, die durch diese Situation entstehen, müssen in irgendeiner Form finanziert werden.

Lösungsmöglichkeiten könnten in diesem Zusammenhang sein:

- eine Verlängerung der Lebensarbeitszeit,
- eine aktive Familienpolitik, die durch finanzielle Anreize bei jungen Familien die Bereitschaft weckt, wieder mehr Kinder zu bekommen,
- Zuwanderung von jungen, arbeitsfähigen Menschen aus anderen Ländern.

2.2 Sozioökonomische Strukturen

Die **sozioökonomische Struktur** eines Landes ist von zahlreichen Merkmalen menschlicher Lebensumstände gekennzeichnet.

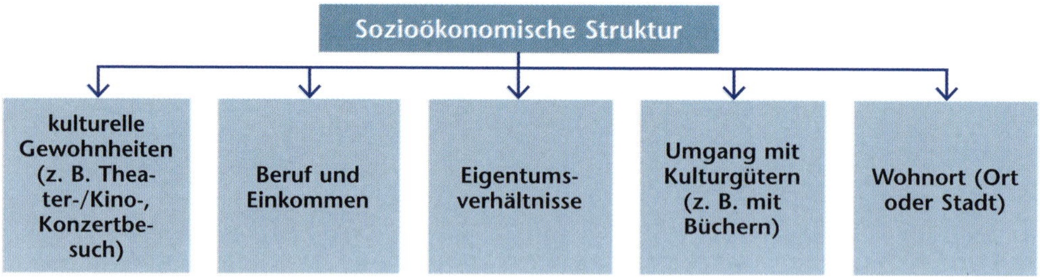

Arbeitsagentur-Chef fordert 200 000 Zuwanderer pro Jahr

← 2.1/3

Die Wirtschaft klagt bereits über zu wenig qualifizierte Arbeitskräfte. Der Mangel werde sich in den kommenden Jahren noch enorm verschärfen, sagt der Chef der Bundesagentur für Arbeit – und sieht nur eine Lösung für das Problem: Deutschland müsse massiv Zuwanderer anwerben.

Nürnberg – Deutschland schrumpft: Bis zum Jahr 2025 werden laut Prognosen der Bundesagentur für Arbeit (BA) hierzulande 6,5 Mio. Menschen weniger im erwerbsfähigen Alter leben als heute. Deshalb sei die deutsche Wirtschaft künftig massiv auf ausländische Zuwanderer angewiesen, sagte BA-Chef Frank-Jürgen Weise am Freitag. „Wenn man das berücksichtigt, brauchen wir 200 000 Zuwanderer pro Jahr, wobei in dieser Zahl die Familienangehörigen mit eingerechnet sind."

Zwar will die BA laut Weise das inländische Potenzial an Arbeitskräften aktivieren – dieses alleine reiche aber nicht aus, um dem Fachkräftemangel zu begegnen. Ausländische Arbeitskräfte würden den Arbeitslosen auch keine Jobs wegnehmen. „Die Kräfte, die wir aus dem Ausland holen, finden wir in Deutschland nicht", sagte Weise. „Und wir können nicht jede am Markt gefragte Qualifikation herbeischulen. Nicht jeder ist zum Ingenieur geeignet." Der BA-Chef verwies noch auf einen weiteren positiven Effekt des Zuzugs von Fachkräften: Jeder qualifizierte Arbeitsplatz schaffe mindestens einen weiteren Job für weniger Qualifizierte. Sollten hingegen Fachkräfte fehlen, würde die Wirtschaft in ihrer Entwicklung gebremst, sagte Weise. Firmen würden dann ins Ausland gehen oder zumindest Teile der Produktion oder Entwicklung dorthin verlegen.

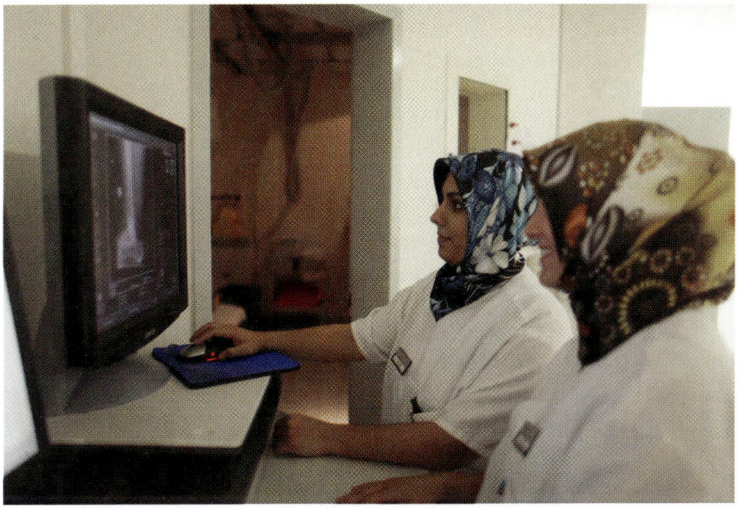

fdi/dpa-AFX-Meldung vom 29.07.2011, in: Spiegel ONLINE Wirtschaft, Zugriff unter: http://www.spiegel.de/wirtschaft/soziales/0,1518,777440,00.html [15.02.2012]

Aufgaben

1. *Fassen Sie den Text mit Ihren eigenen Worten zusammen.*
2. *Warum muss die deutsche Wirtschaft auf ausländische Arbeitnehmer zurückgreifen?*
3. *Wie ist Ihre persönliche Meinung zu der beschriebenen Maßnahme? Begründen Sie Ihre Aussage.*

Betrachtet man die sozioökonomische Struktur der Bundesrepublik Deutschland, so kann generell festgestellt werden, dass sich die Bundesrepublik Deutschland bei den unten aufgeführten Punkten positiv darstellt. Im Einzelnen können Ist-Zustand und Perspektiven folgendermaßen beschrieben werden:

Bildung und Schulabschluss, Ausbildung und Studium

Nach Angaben des Statistischen Bundesamtes verfügten 2010 14 % der Altersjahrgänge ab 60 über eine Fachhochschul- oder Hochschulreife, während es bei den 25- bis 30-Jährigen bereits 43 % waren. Die Zahl der Menschen mit höheren Bildungsabschlüssen nimmt also ständig zu. Dies ist auch notwendig, da die beruflichen Anforderungen kontinuierlich steigen und die moderne Arbeitswelt höher qualifizierte Mitarbeiter benötigt. Die Zahl der Studenten steigt seit Jahren kontinuierlich. Dieser Trend wird sich in den nächsten Jahren fortsetzen.

Beruf und Einkommen

Die Berufswelt hat sich verändert. Tätigkeiten, die nur eine geringe Qualifikation verlangen, verschwinden durch die zunehmende Automatisierung oder werden ins kostengünstigere Ausland verlagert. Neue Berufe entstehen und bestehende Berufe verändern ihr Berufsbild. Die Einkommen in Deutschland sind in den letzten Jahren kontinuierlich gestiegen. So sind die Reallöhne, d. h. die preisbereinigten Bruttomonatsverdienste vollzeitbeschäftigter Arbeitnehmer, im ersten Quartal 2011 im Vergleich zum ersten Quartal 2010 um durchschnittlich 2,0 % gestiegen. Diese Entwicklung wird sich, bezogen auf alle Einkommen, auch so fortsetzen. Dabei werden die höheren Einkommen wohl steigen, die niedrigeren eher gleich bleiben oder sogar sinken. Die Schere zwischen Reich und Arm wird demnach immer weiter auseinanderklaffen.

Umgang mit Kulturgütern

Deutschland gilt als Land der Dichter und Denker. Wie halten es aber seine Bürger mit dem Umgang mit Kulturgütern? 2009 gab jeder Haushalt im Jahr 144,00 EUR für Bücher und 252,00 EUR für Zeitschriften aus. Das sind 1,5 % der privaten Konsumausgaben. Das ist nicht besonders viel, wenn man bedenkt, dass der Deutsche durchschnittlich 55 % seines Einkommens für sein Auto ausgibt.
Allerdings muss man berücksichtigen, dass die hier zitierten Angaben Durchschnittswerte sind. Während es z. B. Menschen gibt, die viel lesen, gibt es auf der anderen Seite solche, die kaum Geld für Bücher ausgeben.

Kulturelle Gewohnheiten

Die Zahl der Theater, Konzertsäle, Museen und Kinos in Deutschland ist relativ groß. Die Zahl der Besucher ist, wenn man alle Bereiche betrachtet, in den letzten Jahren einigermaßen konstant geblieben. Doch in allen Bereichen ist die Konkurrenz durch das Fernsehen bzw. das Internet zu spüren.

← 2.2/1

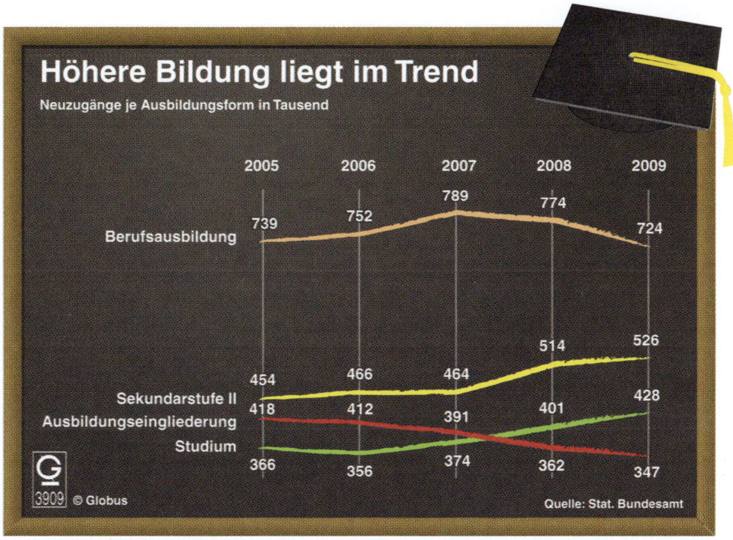

Aufgaben

1. *Beschreiben Sie die Entwicklung im Bildungsbereich in den letzten Jahren.*
2. *Warum geht der Trend zu höheren Bildungsabschlüssen?*
3. *Ermitteln Sie die aktuellen Zahlen.*

← 2.2/2

Das Kinoergebnis 2010

	2010	2009	2007	2005
Kinobesucher	126,6 Mio.	146,3 Mio	125,4 Mio.	127,3 Mio.
Kinoumsatz in EUR	*920,4 Mio*	*976,1 Mio*	757,9 Mio.	745,0 Mio.
Kinobesuch pro Einwohner	1,55-mal	1,79-mal	1,52-mal	1,54-mal
Spielstätten	1 714	1 744	1 812	1 854
Standorte	*954*	976	1 016	1 035

Quelle: FFA

Aufgaben

1. *Beschreiben Sie die in der Tabelle dargestellte Entwicklung.*
2. *Welche möglichen Gründe hat diese Entwicklung?*
3. *Ermitteln Sie die aktuellen Zahlen.*
4. *Machen Sie Vorschläge, wie der aktuelle Trend gestoppt werden könnte.*

Wohnort

In den sechziger und siebziger Jahren gab es in Westdeutschland eine Landflucht, das heißt, dass viele Menschen aus den ländlichen Regionen in die Städte gezogen sind. Inzwischen ist dieser Trend aber weitgehend gestoppt, es ist sogar festzustellen dass in Deutschland wieder mehr Menschen aufs Land, insbesondere in die Vororte größerer Städte ziehen.

Eigentumsverhältnisse

Deutschland ist ein wohlhabendes Land und statistisch gesehen besitzen die Deutschen ein Geldvermögen von insgesamt 4,672 Billionen EUR, das sind 56 856,00 EUR pro Kopf. Diese Zahl sagt jedoch nichts über die Verteilung des Vermögens auf die einzelnen Bürger aus. Einer kleinen Anzahl von Deutschen mit erheblichem Vermögen steht eine große Zahl von Bundesbürgern mit keinem oder nur einem geringen Vermögen gegenüber.

2.3 Soziale Ungleichheit

In jedem Land leben wohlhabende Menschen, Menschen mit einem mittleren Einkommen und es gibt welche, die man als arm bezeichnen muss. Dabei gelten nach einer Definition des Rats der EU Personen, Familien und Gruppen als arm, die über so geringe (materielle, kulturelle und soziale) Mittel verfügen, dass sie von der Lebensweise ausgeschlossen sind, die in dem Staat, in dem sie leben, als Minimum annehmbar ist. Nun hört man in den letzten Jahren, dass die **Einkommensschere** in Deutschland immer weiter auseinanderklafft: Reiche werden immer reicher, Arme immer ärmer, und immer weniger Menschen sind dem Mittelstand zuzuordnen.

Die Bundesregierung veröffentlicht seit 2001, jeweils zur Mitte der Regierungsperiode, den sogenannten „Armuts- und Reichtumsbericht“. Im letzten Bericht von 2008 wird festgestellt, dass rund 13 % der Menschen in Deutschland unter der Armutsrisikogrenze leben. Das bedeutet, dass sie ein Einkommen haben, das geringer ist als 60 % des deutschen Durchschnittseinkommens. Ein besonders hohes Armutsrisiko haben Kinder und junge Erwachsene. Außerdem sind Alleinerziehende sowie Familien mit mehreren Kindern oftmals von Armut betroffen.

Ziel der Sozialpolitik der Regierung sollte sein, dass alle Menschen am wirtschaftlichen und sozialen Leben teilhaben können. Damit niemand durch das soziale Netz fällt, gibt es Leistungen des Sozialstaates, welche die Armutsrisiken mildern, z. B. das Arbeitslosengeld II, eine Mindestrente sowie die Unterstützung armer Familien. Eine Voraussetzung zur Armutsvermeidung, so eine Kernaussage des Armuts- und Reichtumsberichts, ist mehr Bildung und Beschäftigung. Daher ist es ein vorrangiges Ziel der Bundesregierung, Arbeitslosigkeit abzubauen. Darüber hinaus investiert sie in mehr Chancengleichheit im Bildungs- und Berufssystem: Denn wer einen Schul- und Ausbildungsabschluss hat, wird seltener arm.

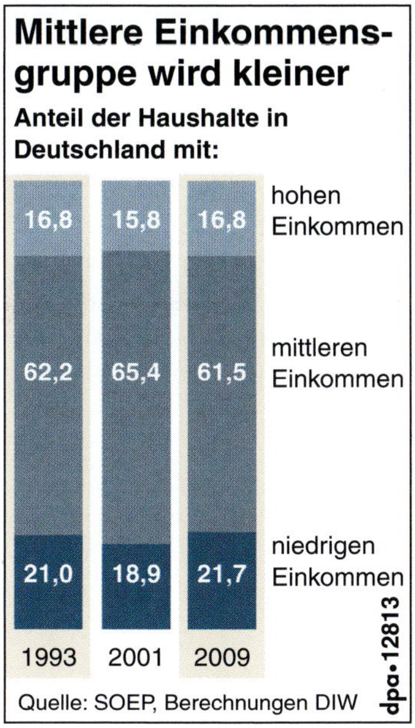

Aufgaben

1. *Beschreiben Sie die in der neben stehenden Grafik dargestellte Entwicklung.*
2. *Welche Gründe gibt es für diese Entwicklung?*

← 2.3/1

Auszug aus dem Armuts- und Reichtumsbericht der Landesregierung von Rheinland-Pfalz 2009/2010

← 2.3/2

Armut wirkt auf Kinder und Jugendliche aber anders als auf erwachsene Menschen. Sie prägt den weiteren Lebensweg von Kindern und Jugendlichen einschneidender. Besondere Risiken bestehen für Kinder im Hinblick auf Entwicklungsdefizite, Unterversorgung und soziale Ausgrenzung. Je früher und je länger Mädchen und Jungen Armutsbedingungen ausgesetzt sind, desto größer sind die negativen Folgen.

Armuts und Reichtumsbericht der Landesregierung von Rheinland-Pfalz 2009/2010, Zugriff unter: http://msagd.rlp.de/fileadmin/masagff/soziales/Endbericht_Arbeitsfassung_Druck_22.02.10_NEU1.pdf [12.02.2012]

Aufgaben

1. *Fassen Sie den Text mit Ihren Worten zusammen.*
2. *Warum hat die Kinderarmut die beschriebenen Folgen?*

Wichtiges Wissen

Soziodemografische Struktur

Veränderungen:

- Rückgang der Geburtenrate: Die Zahl der Kinder in den Familien nimmt stetig ab.
- Zunahme der Zahl der älteren Menschen: Eine gesundheitsbewusste Lebensweise, die Verbesserung der Arbeitssicherheit und Fortschritte in der Medizin erhöhen die Lebenserwartung der Menschen.

Folgen:

- Es kommt zu einem Fachkräftemangel, der sich negativ auf die wirtschaftliche Entwicklung auswirken wird.
- Der Generationenvertrag (= mit ihren Beiträgen zur Rentenversicherung finanzieren die arbeitenden Menschen die Rentner) ist in Gefahr.
- Die Zahl der pflegebedürftigen Menschen erhöht sich.

Lösungsmöglichkeiten:

- Verlängerung der Lebensarbeitszeit,
- eine aktive Familienpolitik,
- Zuwanderung von jungen, arbeitsfähigen Menschen

Sozioökonomische Struktur

Merkmale:

- Bildung und Schulabschluss, Ausbildung und Studium,
- Beruf und Einkommen,
- Umgang mit Kulturgütern,
- kulturelle Gewohnheiten,
- Wohnort,
- Einkommensverhältnisse

Soziale Ungleichheit

Begriff: Armut

Arm ist, wer über so geringe (materielle, kulturelle und soziale) Mittel verfügt, dass er von der Lebensweise ausgeschlossen ist, die in dem Staat, in dem er lebt, als Minimum annehmbar ist.

Kennzeichen:

Die Einkommensschere in Deutschland klafft immer weiter auseinander: Es gibt mehr Reiche und auch mehr Arme, während die Mittelschicht schrumpft.

Fragen

1. *Definieren Sie den Begriff „Demografie".*
2. *Wie hat sich die demografische Struktur in Deutschland verändert?*
3. *Warum hat sich die demografische Struktur in Deutschland verändert?*
4. *Welche Unterschiede gibt es bei den demografischen Entwicklungen in den verschiedenen Regionen Deutschlands?*
5. *Welche Ursachen haben diese unterschiedlichen Entwicklungen?*
6. *Wie hat sich die Einwohnerstruktur in Ihrer Heimatgemeinde in den letzten Jahren verändert?*
7. *Welche Auswirkungen haben die demografischen Veränderungen?*
8. *Machen Sie Vorschläge, wie einer negativen Entwicklung entgegengesteuert werden könnte.*
9. *Nehmen Sie Stellung zu der Aussage: „Deutschland ist kein kinderfreundliches Land". Begründen Sie Ihre Meinung mithilfe von konkreten Beispielen.*
10. *Welche Merkmale bestimmen die sozioökonomische Struktur eines Landes?*
11. *Welche Vor- und Nachteile hat eine verstärkte Zuwanderung von Fachkräften aus dem Ausland?*
12. *Stellen Sie fest, welche Kulturgüter von Schülerinnen und Schülern Ihrer Klasse genutzt werden.*
13. *Erstellen Sie eine Karte mit einem Umkreis von 50 Kilometern um Ihren Wohnort, in der Sie alle vorhandenen Theater, Kinos, Konzertsäle und Museen erfassen.*
14. *Warum wird eine gute Bildung in unserer modernen Wirtschaft immer wichtiger?*
15. *Stellen Sie die Vor- und Nachteile des Lebens in einer Stadt den Vor- und Nachteilen des Lebens in einer kleineren Gemeinde gegenüber.*
16. *Entwerfen Sie eine Vision, in der Sie sich in 15 Jahren sehen. Dabei sollen Sie folgende Punkte berücksichtigen: Bildung, Familienstand, Beruf, kulturelle Gewohnheiten, Eigentumsverhältnisse und Wohnung.*
17. *Warum klafft die Einkommensschere in der Bundesrepublik Deutschland immer mehr auseinander?*
18. *Welche Nachteile hat es, wenn die Eigentumsverhältnisse in einem Land nicht ausgeglichen sind?*
19. *Wie wird Armut definiert?*
20. *Nehmen Sie Stellung zu folgender Aussage: „Hartz IV hat dazu geführt, dass immer mehr Menschen in den Bereich der Armutszone geraten".*
21. *Warum tragen Alleinerziehende und Familien mit mehreren Kindern ein erhöhtes Armutsrisiko?*
22. *Was kann die Regierung gegen die „neue Armut" unternehmen?*
23. *Warum ist eine gute Bildung bzw. Ausbildung der beste Schutz vor Armut?*

3 Deutschland im Wandel

3.1 Sozialer Wandel

Der soziale Wandel wird als Veränderung in der Struktur eines sozialen Systems definiert. Sozialer Wandel bezieht sich auf alle gesellschaftlichen Ebenen. Die **Sozialstruktur** und die Kultur eines Landes verändern sich, so z. B. im Bereich der Gesetzgebung. Außerdem sind die handelnden Institutionen einer ständigen Veränderung unterworfen. So haben sich z. B. die Funktionen und die Struktur der Arbeitsorganisation in den letzten Jahren gewandelt.

Aber auch die heutige soziale Situation der einzelnen Menschen ist nicht mehr mit derjenigen der Vergangenheit vergleichbar. Die Einführung der Pflegeversicherung und Einführung von Hartz IV sind Beispiele hierfür.

Anstelle von sozialem Wandel kann man auch von sozialer Entwicklung, sozialer Evolution, sozialem Fortschritt oder sozialer Modernisierung sprechen. Dies zeigt schon, dass man unter sozialem Wandel die positive Anpassung der Sozialstruktur an die Gegenwart versteht.

Einige Grundtrends des sozialen Wandels in Deutschland sollen nachfolgend betrachtet werden.

In Laufe der Geschichte der Bundesrepublik Deutschland kam es zu einem **Anstieg des Lebensstandards**. Massenkonsum ist dadurch für alle Bevölkerungsschichten möglich. Eine schöne Wohnung oder ein Eigenheim, ein Auto und Urlaubsreisen sind für viele Menschen in Deutschland möglich.

Außerdem sorgt die sozialstaatliche Umverteilung dafür, dass fast alle Bevölkerungsschichten in unserem Land in einer relativen sozialen Sicherheit leben.

Gleichzeitig kann man die **Entstehung einer Bildungsgesellschaft** beobachten. Die zunehmende Technisierung und wachsende Komplexität der Wirtschaft hat dazu geführt, dass es zu einer kontinuierlichen Höherqualifizierung der Bevölkerung gekommen ist. Dies zeigt sich auch daran, dass der Anteil der Schüler im wiedervereinigten Deutschland, die Abitur machen und studieren können, den höchsten Stand seit der Wiedervereinigung erreicht hat. 50,6 % der 18- bis 20-Jährigen haben im Jahr 2011 das Abitur oder Fachabitur bestanden.

← 3.1/1

Aufgaben

1. *Welche Kriterien spielen bei der Eingruppierung in der Grafik eine Rolle?*
2. *Warum liegt Ihrer Meinung nach Deutschland bei den Lebensbedingungen erst an 22. Stelle? Was könnte dagegen getan werden?*

← 3.1/2

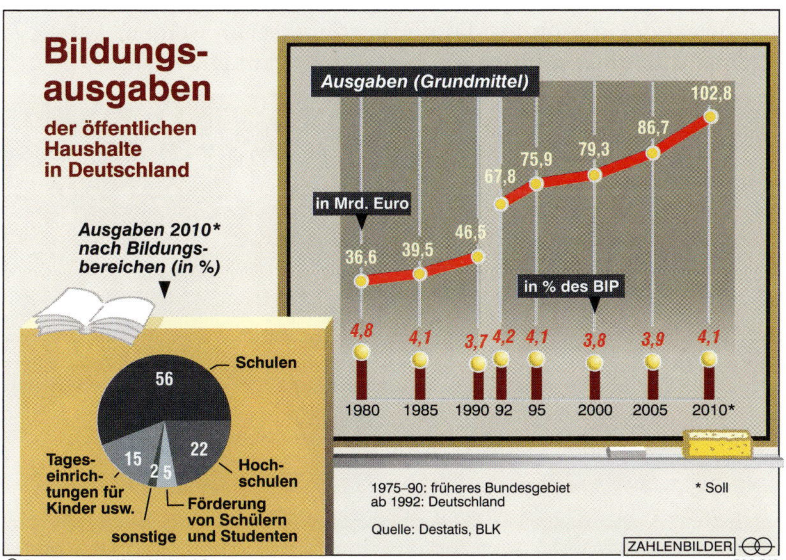

Aufgaben

1. *Beschreiben Sie die Entwicklung der Ausgaben für Bildung.*
2. *Warum ist es wichtig, dass ein Staat in die Bildung seiner Bürger investiert?*

Arbeitsplätze, die nur eine geringe Qualifikation erfordern, gibt es zunehmend weniger. Und auch bestehende Berufe stellen immer höhere Anforderungen an die Arbeitnehmer und Arbeiternehmerinnen. So wurde z. B. der Beruf des Elektrikers inhaltlich zum Elektroniker aufgewertet.

Ein weiteres Merkmal des sozialen Wandels in Deutschland ist der **Ausbau der sozialen Sicherung:** Die Einführung der Pflegeversicherung zeigt, dass die bestehenden Sozialsysteme ausgebaut und damit den Anforderungen der modernen Gesellschaft angepasst werden. Auch die Unfall-, Kranken-, Renten- und Arbeitslosenversicherung haben bereits Veränderungen erlebt und müssen auch in Zukunft an die sich ändernden Gegebenheiten angepasst werden.

Beobachten kann man auch eine **zunehmende Emanzipation.** Die geschlechtsspezifischen Ungleichheiten verringern sich ständig. In der Wirtschaft, im Bildungssystem und auch in der Politik werden Frauen zunehmend als gleichwertige Partnerinnen akzeptiert. Die Themen „Emanzipation“ und „Frauenförderung“ werden in der Öffentlichkeit als wichtig wahrgenommen. Die gesetzlichen Rahmenbedingungen haben dazu beigetragen.

Ein weiteres Kennzeichen des Wandels ist die **demografische Veränderung:** Wie schon in Kapitel 2 dargestellt, sind niedrige Geburtenraten und eine steigende Lebenserwartung die charakteristischen Kennzeichen der natürlichen Bevölkerungsentwicklung im Zuge der Modernisierung der Gesellschaft. Sie lassen die Bevölkerung demografisch altern und machen somit einen Umbau der sozialen Sicherungssysteme notwendig.

Außerdem entsteht in Deutschland eine **multiethnische Gesellschaft:** Der hohe Lebensstandard in Deutschland übt eine Sogwirkung auf die Menschen in Gesellschaften mit schlechteren Lebensbedingungen aus. Dies kann langfristig unter dem Aspekt der natürlichen Bevölkerungsentwicklung unseres Landes nur positiv gesehen werden. Auf lange Sicht wird sich Deutschland zu einer multikulturellen Gesellschaft entwickeln.

← 3.1/3

Arbeitgeberpräsident Hundt kritisiert deutsche Familienpolitik

„Der deutsche Staat meint es gut mit den Familien. In der Bundesrepublik wird wesentlich mehr Geld als in anderen Staaten für die Familienförderung ausgegeben. Gut 200 Milliarden EUR beträgt inzwischen das Volumen der ehe- und familienbezogenen Leistungen", schreibt Hundt in seinem Gastbeitrag für das Handelsblatt.
„Große Erfolge werden mit dieser Familienförderung allerdings nicht erzielt." Die Geburtenrate bewege sich in Deutschland konstant auf niedrigem Niveau, das Angebot der Kinderbetreuung weise nach wie vor große Lücken auf, und auch die Erwerbsbeteiligung von Frauen sei immer noch zu gering.
„Das Kernproblem der deutschen Familienpolitik ist, dass es an einer klaren Richtung mangelt. Verteilt wird vielmehr nach dem Gießkannenprinzip: Leistungen werden mal eingeführt oder aufgestockt, mal ergänzt oder modifiziert, ohne dass die Politik durch ein Gesamtkonzept geleitet wird."
Bei Einzelleistungen wie dem Elterngeld fehle es an einem klaren Ziel. Anfangs sollte durch das Elterngeld die Geburtenrate erhöht werden. Dass dieser Ansatz zielführend ist, glaube inzwischen nicht einmal mehr der Erfinder des Elterngelds, Bert Rürup. „Er sieht das Elterngeld selber für gescheitert an, weil es junge Paare dazu verleitet, erst Karriere zu machen und ihren Kinderwunsch aufzuschieben." Auch einer gewünschten Gleichstellung der Geschlechter diene das Elterngeld nur bedingt: Väter beschränken sich beim Elterngeld meist auf wenige „Vätermonate".
Hundt begrüßt, dass Abgeordnete beider Regierungsfraktionen jetzt fordern, das Elterngeld zu überprüfen. „In diesem Kontext sollten dann aber alle familienpolitischen Leistungen auf den Prüfstand. Es macht wenig Sinn, eine einzelne familienpolitische Leistung neu zu konzipieren, aber alle anderen 155 Maßnahmen außen vor zu lassen." Es müssten endlich klare Zielsetzungen definiert werden, um die Familienpolitik nach einheitlichen Kriterien neu zu ordnen.
In erster Linie muss die Politik die Voraussetzungen dafür schaffen, dass Beruf und Familie in unserem Land besser miteinander vereinbart werden können. Dazu sei vor allem ein besseres Angebot in der Kinderbetreuung notwendig. Mehr und qualitativ bessere Kinderbetreuung gebe es selbstverständlich nicht zum Nulltarif. „Sie ist aber finanzierbar, wenn wir im Gegenzug auf kostenträchtige Fehlanreize verzichten, mit denen bislang die Nichterwerbstätigkeit von Frauen gefördert wird."

cr, in: Handelsblatt vom 23.08.2011, Zugriff unter: http://www.handelsblatt.com/politik/deutschland/hundt-kritisiert-deutsche-familienpolitik/4533266.html 27.08.2011 [15.02.2012]

Aufgaben

1. *Fassen Sie die Darstellung von Arbeitgeberpräsident Hundt mit eigenen Worten zusammen.*
2. *Machen Sie weitere Vorschläge für eine Verbesserung der Familienpolitik.*

3.2 Wandel der Industriegesellschaft

Betrachtet man die Entwicklung der Industriegesellschaft bis zu unserer modernen Gesellschaft, so lässt sich feststellen, dass in allen Bereichen gravierende Veränderungen stattgefunden haben und noch stattfinden. Neben höherem materiellem Wohlstand gibt es auch eine Reihe von Problemen und Risiken. Am auffälligsten ist das Anwachsen der **Arbeitslosigkeit** in den letzten 25 Jahren von etwa einer Million auf zeitweise mehr als fünf Millionen Arbeitslose.
Einer der Hauptgründe ist der Wegfall von Arbeitsplätzen durch Rationalisierung aufgrund der neuen Technologien, der durch die weltweite Konkurrenz des Handels und der

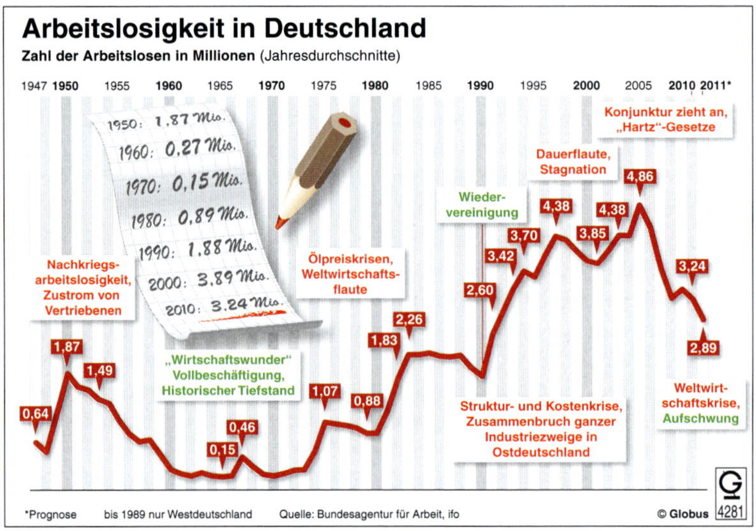

Wirtschaft (Globalisierung) eher noch mehr Arbeitsplätze kosten wird. Auch der Anstieg der Zahl der Erwerbspersonen sowie der Zustrom „geburtenstarker" Jahrgänge zum Arbeitsmarkt trugen dazu bei. Die zunehmende Verlagerung von Arbeitsplätzen ins Ausland wie auch konjunkturelle Einbrüche, d. h. die sinkende Nachfrage nach bestimmten Waren, haben die Zahl der Arbeitslosen zusätzlich vergrößert. In den Jahren 2010 und 2011 konnte die Situation, bedingt durch eine weltweite Konjunkturerholung, gewendet werden. So lag im Februar 2012 die Zahl der Arbeitslosen bei 3 110 000.
Um den Standort Deutschland konkurrenzfähig zu halten, versuchen die Unternehmen, den Arbeitsablauf besser zu organisieren und dadurch die Produktivität zu erhöhen.
Für die große Zahl der Arbeitslosen bedeutet der Verlust der Arbeitsstelle in der Regel einen materiellen Abstieg und damit auch eine große Belastung für die Familie, denn Arbeitslosigkeit bedeutet einen empfindlichen Einkommensverlust.
Um nachhaltig die Arbeitslosigkeit abzubauen und die Bundesagentur für Arbeit zu einem modernen Dienstleistungscenter umzubauen, wurde von der Bundesregierung eine Kommission unter Peter Hartz eingesetzt, die in mehreren Stufen die sogenannten Hartz-Gesetze I bis IV durchführt. Besonders Hartz IV wurde stark diskutiert, denn hier entschied man sich dafür, dass sich die Höhe der Leistungen des Arbeitslosengeldes II am Bedarf der Empfänger und nicht am letzten Nettolohn orientiert. Der Grundsatz „Fördern und Fordern" soll Arbeitsuchenden eine Grundsicherung erhalten, Langzeitarbeitslosigkeit soll durch intensive Betreuung überwunden werden.

← 3.2/1

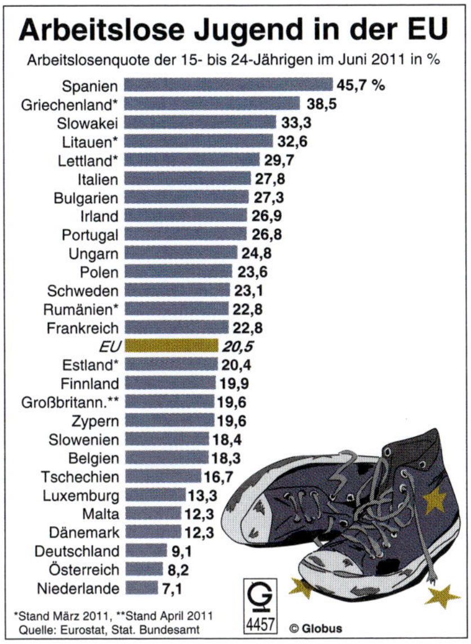

Aufgaben

1. *Beschreiben Sie die neben stehende Grafik.*
2. *Warum ist die Jugendarbeitslosigkeit in den EU-Ländern derartig unterschiedlich hoch?*

„Fördern und Fordern" – Wie funktioniert das neue Konzept?

← 3.2/2

Fördern	Fordern
Persönliche Ansprechpartner: Personal Service Agenturen, ein Fallmanager betreut nicht mehr als 75 Arbeitslose.	**Zumutbare Arbeit:** Zuweisung von Arbeit ist möglich, wenn diese nicht gegen Gesetze oder die guten Sitten verstößt.
Neue Leistungen: Trainingsmaßnahmen, Arbeitskleidung oder befristete Jobs	**Kürzungen des ALG II bei Ablehnung:** Bei Ablehnung von zumutbarer Arbeit wird das ALG II gekürzt.
Arbeit für junge Menschen: schnelle Vermittlung in Arbeit, Ausbildung oder befristete Jobs	**Streichung für drei Monate:** Lehnen Jugendliche einen Job ab, erhalten sie für drei Monate kein Geld.
Arbeit lohnt sich: Hinzuverdienstmöglichkeit mit Ein-Euro-Jobs: Wer arbeitet, hat mehr in der Tasche.	**Vermögen wird angerechnet:** Wenn Vermögen und Geldreserven einen bestimmten Freibetrag übersteigen, müssen diese erst verbraucht werden.
Kinderzuschlag: Zuschlag für Eltern, wenn das Einkommen nicht für den Lebensunterhalt des Kindes reicht	**Wohnraum muss angemessen sein:** Als angemessen gelten z. B. rund 50 Quadratmeter für zwei Personen.
Soziale Sicherung: Beiträge zur Gesundheits-, Pflege- und Rentenversicherung werden übernommen.	

vgl. Deutscher Bundestag (Hg.): Blickpunkt Bundestag 7/2004, S. 19 (verändert)

Aufgaben

1. *Welche zwei der oben genannten Maßnahmen halten Sie für die wichtigsten?*
2. *Welche Maßnahmen lehnen Sie ab? Begründen Sie jeweils Ihre Meinung.*

Charakteristisch für die moderne Gesellschaft ist auch ein Wandel der Berufswelt. Lange Zeit blieben die Berufe bei Hofe oder in Handwerk und Handel nahezu unverändert. Die industrielle Revolution, in England schon im 18. Jahrhundert einsetzend, führte jedoch dazu, dass sich die Zahl der Beschäftigten in den drei Wirtschaftsbereichen Landwirtschaft, Industrie und Dienstleistungsbereich wesentlich veränderte. So nahm die Zahl der Arbeiter im produzierenden Gewerbe zu. In den 1970er-Jahren setzte, u. a. durch Auslagerung von Produktionsstätten ins Ausland und eine Deindustrialisierung Deutschlands, der Wandel zur Dienstleistungsgesellschaft ein. Dies zeigt die folgende Statistik sehr deutlich:

Jahr	Erwerbstätige in den Wirtschaftsbereichen		
	Landwirtschaft	Produzierendes Gewerbe z. B. Industrie	Dienstleistungsbereich z. B. Gastronomie
1882	43 %	35 %	23 %
1907	35 %	40 %	25 %
1950	22 %	45 %	33 %
2000	3 %	35 %	62 %
2010	2 %	28 %	70 %

Wir haben uns also zu einer **Dienstleistungsgesellschaft** entwickelt. Jeder dritte Arbeitnehmer ist in diesem Bereich beschäftigt.

Auch eine 37,5-Stunden-Woche an einem festen Arbeitsplatz ist für viele Menschen immer seltener die Berufswirklichkeit. Mittlerweile zählt jeder zehnte Erwerbstätige zu den Beschäftigten ohne festen Arbeitsplatz – und die Tendenz ist steigend. Auf die Sicherheit stetiger Gehälter und sozialen Schutz müssen die Beschäftigten modernen Typs meist verzichten:

- **Zeitarbeiter:** Festes Gehalt, Urlaubsanspruch und sozialer Schutz bleiben Zeitarbeitern noch erhalten. Doch ihr Arbeitgeber verleiht sie je nach Bedarf an die unterschiedlichsten Unternehmen für einige Tage, Wochen oder Monate.
- **Zeitverträge:** Fast zwei Millionen Beschäftigte arbeiten mit befristeten Verträgen, z. B. als Schwangerschaftsvertretung oder für die Dauer eines Projektes. Sie genießen für die Zeit ihrer Beschäftigung alle Arbeitnehmervorteile.
- **Subunternehmer:** Sie sind selbstständig und doch abhängig. Ihre Aufträge bekommen sie zumeist von einem einzigen Unternehmen, das ihnen auch Arbeitsmittel bereitstellt. Häufig werden sie als verkappte Angestellte bezeichnet, denen nur ein wesentliches Merkmal fehlt: die Sozialversicherungspflicht.
- **Leasingnehmer:** Der Leasinggeber stellt dem Leasingnehmer seinen Markennamen und das Know-how zur Verfügung – gegen Gebühr.
- **Freie Mitarbeiter:** Sie sind völlig ungebunden, besorgen ihre Arbeitsaufträge selbst, handeln selbst ihren Stundenlohn oder Wochensatz aus und sichern sich eigenverantwortlich gegen Krankheit und Alter ab.

← 3.2/3

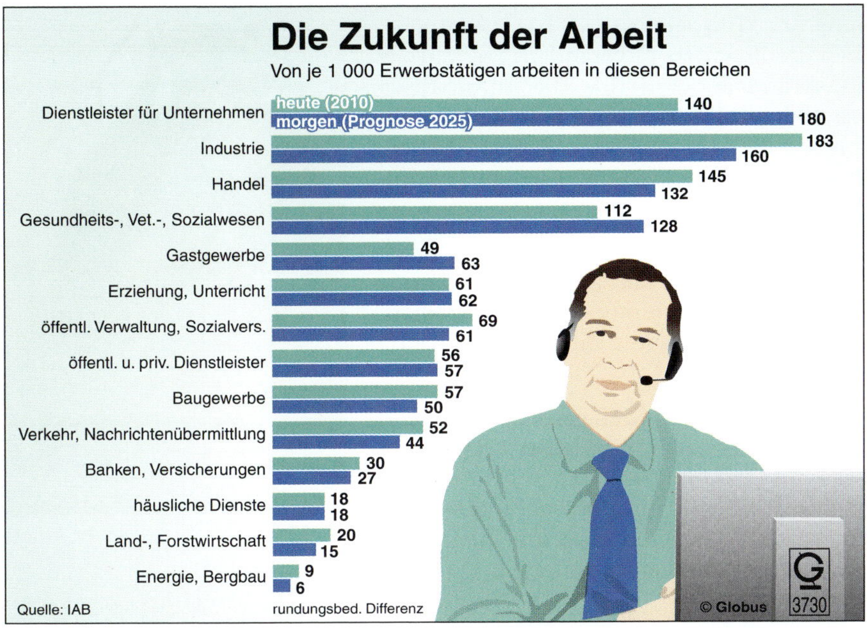

Aufgaben

1. *Beschreiben Sie die mögliche Entwicklung der Arbeit in den nächsten 25 Jahren.*
2. *Warum nimmt die Zahl die Beschäftigten in Industrie und Handel ab?*
3. *Warum steigt die Zahl der Beschäftigten im Gesundheits- und Sozialwesen?*

← 3.2/4

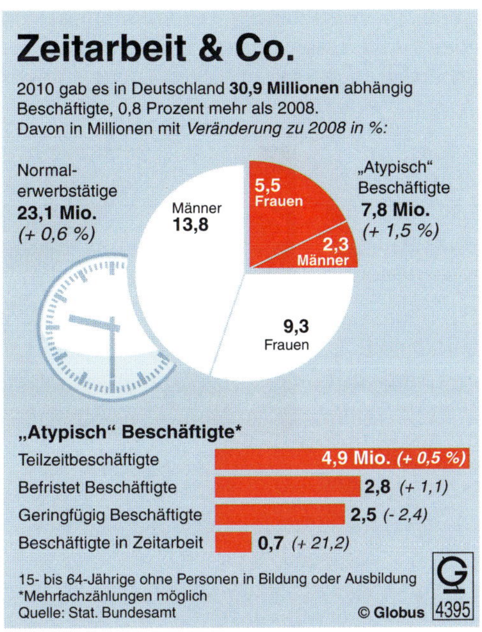

Aufgaben

1. *Erklären Sie den Begriff „atypische Beschäftigung".*
2. *Warum ist der Anteil atypisch Beschäftigter relativ hoch?*
3. *Warum sind mehr Frauen als Männer atypisch beschäftigt?*

Die Einführung der **Mikroelektronik** hat die Arbeitswelt, aber auch das Privatleben, verändert. Der Einsatz von Computern und Robotern hat die Automatisierung in Wirtschaft und Verwaltung beschleunigt. In der industriellen Produktion gibt es z. B. Fabrikhallen, in denen nur noch wenige Menschen lediglich Kontrollaufgaben übernehmen.

In der Verwaltung gehört der **Personalcomputer** heute zur Standardausrüstung eines Büroarbeitsplatzes. Auch im privaten Bereich gibt es kaum noch einen Haushalt, der nicht über einen Computer mit Internetzugang verfügt.

Da wird online geshoppt, gechattet, gesurft, Musik und Filme werden heruntergeladen und sogar Lebenspartner werden gesucht und manchmal auch gefunden. Es gibt kaum noch eine Firma, die nicht über eine eigene Internetpräsenz verfügt, und zahlreiche Dienstleister operieren nur noch über das Internet. Durch einen ISDN- oder schnellen DSL-Anschluss kann man sich im weltweiten Verbund größerer und kleinerer Computernetze informieren oder Nachrichten übermitteln. Die Möglichkeiten des Internets nehmen rasant zu. Mittlerweile ist es möglich, sich mit unbekannten Diskussionspartnern zu unterhalten (chatten) oder auch bei verschiedenen Händlern einzukaufen. Viele Firmen nutzen das Internet, um sich vorzustellen, für ihre Produkte zu werben oder auch auf Arbeitsplätze aufmerksam zu machen. Durch Telearbeitsplätze ist es möglich, dass man kaum noch sein Zuhause verlassen muss, um zu arbeiten: In Deutschland arbeiten derzeit etwa 6 Mio. Menschen für ihre Firma am PC zu Hause.

Wir haben uns zu einer **Informationsgesellschaft** entwickelt. Dank der Informations- und Kommunikationstechnologien (IKT) verfügen wir überall und jederzeit über die Möglichkeit, uns Informationen zu beschaffen, Informationen auszutauschen und Informationen zu verarbeiten.

Der Wandel hin zur Informationsgesellschaft bedeutete auch einen Schub für die Wirtschaft. Die deutsche IKT-Branche beschäftigt rund 750 000 Menschen. Der Markt für Produkte aus diesem Bereich beträgt allein in Deutschland ca. 134 Mrd. EUR und weltweit sogar mehr als 2 000 Mrd. EUR jährlich.

Zeitungsüberschriften

← 3.2/5

Informationstechnologie überholt Maschinenbau

Mehr Handys als Menschen in Deutschland

Dank Internet wird die Welt zum Dorf

Informationstechnologie überholt Maschinenbau

Internet ersetzt die Wirklichkeit!

Aufgaben

1. *Interpretieren Sie die oben stehenden Zeitungsschlagzeilen.*
2. *Welche Vorteile bietet uns die moderne Informationstechnologie?*
3. *Welche Gefahren birgt die moderne Informationstechnologie?*

← 3.2/6

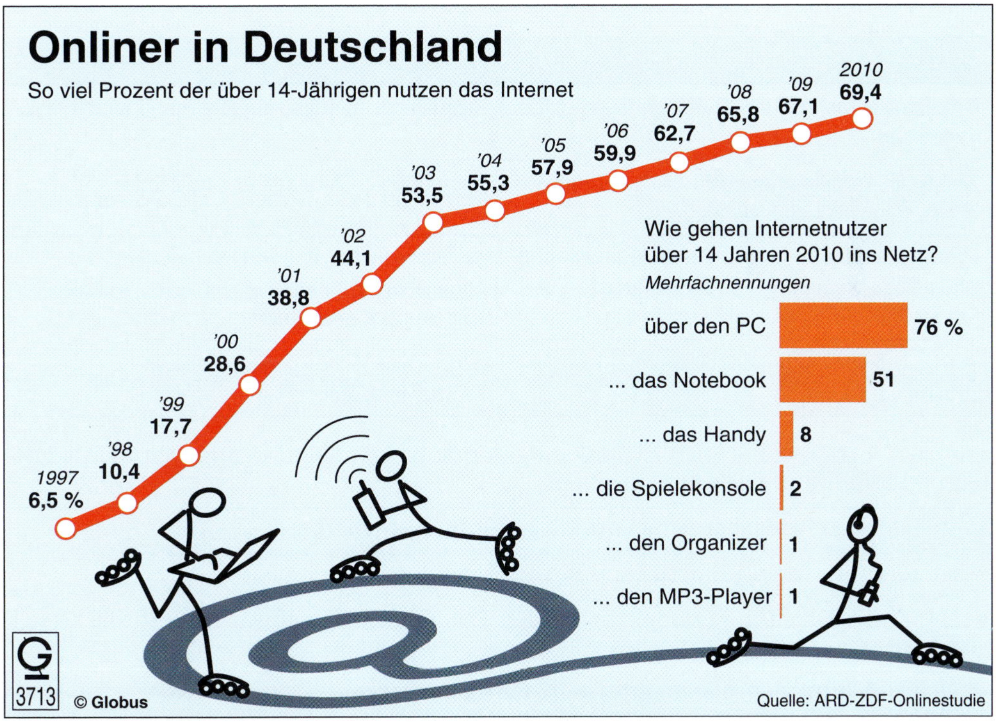

Aufgaben

1. *Beschreiben Sie die in der Grafik dargestellte Entwicklung.*
2. *Warum hat die Internetnutzung in den letzten Jahren so rasant zugenommen?*
3. *Nutzen Sie das Internet? Wenn ja, wofür?*

3.3 Wertewandel

Im Laufe der gesellschaftlichen Entwicklung haben sich die Wertvorstellungen der Menschen geändert. So haben sich die Einstellungen weiter Bevölkerungskreise zur Rolle des Staates, zur Bedeutung der Kirchen oder zur Stellung der Frauen in der Gesellschaft verändert. Der Wertewandel in der Gesellschaft wird nachfolgend am Beispiel der Familie exemplarisch dargestellt.

Die Formen und Aufgaben der Familie haben sich im Laufe der Geschichte erheblich gewandelt. Die bedeutendste Veränderung in der Familienstruktur fand im Zuge der Industrialisierung im 19. Jahrhundert statt. In der nachfolgenden Übersicht finden sich die wesentlichen Entwicklungen, die sich aus dem wirtschaftlichen, sozialen und politischen Wandel ergeben haben.

Früher	Heute
Großfamilie: mehrere Generationen leben zusammen	Kleinfamilie: meistens nur Eltern und Kinder
Familie als Produktionsgemeinschaft in Landwirtschaft, Handwerk oder Handel	Trennung von Arbeitsplatz und Familie
Familie übernimmt Sozialfunktion: Kranken- und Altenpflege, Betreuung von Kleinkindern	Sozialfunktionen sind teilweise an den Staat abgegeben: z. B. an Krankenhäuser, Seniorenheime und Kindergärten
patriarchalische (vom Vater bestimmte) Familienstruktur	partnerschaftliches Zusammenleben der Familienmitglieder

Trotz der hier beschriebenen Veränderungen hat die Familie ihre Aufgaben nicht verloren und erfüllt fünf wichtige Aufgaben:

- Sie bildet die wirtschaftliche Grundlage für ihre Mitglieder.
- Sie sorgt mit ihren Kindern für den Fortbestand der Gesellschaft.
- Durch die Erziehung ermöglicht sie den Kindern das Hineinwachsen in die Gesellschaft.
- Sie bereitet die berufliche und gesellschaftliche Stellung der Kinder vor.
- Sie ermöglicht durch eine gemeinsame Freizeitgestaltung die körperliche und seelische Erholung der Familienmitglieder.

← 3.3/1

Aufgaben

1. *Interpretieren Sie die Karikatur.*
2. *Welche Bedeutung hat „Familie" für Sie? Fassen Sie Ihre Aussage in fünf Punkten zusammen. Sortieren Sie diese Punkte nach der Wichtigkeit, welche diese für Sie persönlich haben.*

← 3.3/2

Aus Friedrichs Schillers (1759–1805)
Gedicht „Die Glocke":

„Der Mann muss hinaus
ins feindliche Leben,
muss wirken und streben
und pflanzen und schaffen,
erlisten, erraffen,
muss wetten und wagen,
das Glück zu erjagen …
Und drinnen waltet die züchtige
Hausfrau
die Mutter der Kinder
und herrschet weise
im häuslichen Kreise
und lehret die Mädchen
und wehret den Knaben,
und reget ohn' Ende
die fleißigen Hände,
und mehret den Gewinn
mit ordnendem Sinn."

Quelle: Schiller, Friedrich: Schillers sämtliche Werke, Band 1, J.G. Cotta, 1869, S. 97

Aufgaben

1. *Interpretieren Sie den Ausschnitt aus Schillers Gedicht unter dem Aspekt, welche Rolle der Mann und die Frau früher in der Ehe hatten.*
2. *Stellen Sie das frühere Rollenverständnis der Familienmitglieder dem modernen gegenüber.*
3. *Warum gibt es heute vermehrt Doppelverdiener-Familien? Wie ist Ihre persönliche Meinung dazu?*

Der Wertewandel in der heutigen Zeit bringt viele Menschen dazu, die Ehe gegenüber der traditionellen Form zu verändern oder in alternativen Lebensformen zur Ehe zu leben. In diesem Zusammenhang sei auch die eingetragene Partnerschaft erwähnt. Hierbei handelt es sich um eine von einer Behörde beurkundete Verbindung eines gleichgeschlechtlichen Paares mit gesetzlich geregelten Rechtsfolgen.

Alternative Lebensformen- innerhalb außerhalb der Ehe

- **Doppelverdiener-Familie:** Beide Ehepartner gehen einer Arbeit nach. Haben die Eheleute Kinder, so besteht das Problem, dass diese betreut werden müssen. Sind die Kinder noch klein, so gibt es die Möglichkeit, eine Tagesmutter zu engagieren oder die Kinder ganztägig in einem Kindergarten unterzubringen.
- **Familie mit Hausmann:** Es kommt heute immer häufiger vor, dass die Frau arbeitet und der Ehemann die Hausarbeit und die Betreuung der Kinder übernimmt.
- **Wochenend-Familie:** Da in unserer modernen Wirtschaft von den Arbeitnehmern zunehmend eine Bereitschaft zur Mobilität erwartet wird, muss immer häufiger ein Elternteil weitab von zu Hause arbeiten und kann deshalb nur am Wochenende bei der Familie sein. Dies hat natürlich Folgen für die Haushaltsführung, die Erziehung der Kinder und die Freizeitgestaltung in der Woche.
- **Leben ohne Partner (Single):** Diese immer häufiger anzutreffende Lebensform bietet auf den ersten Blick die Vorteile der Freiheit und Selbstbestimmung, denn es muss keine Rücksicht auf eine andere Person genommen werden. Wissenschaftliche Untersuchungen haben jedoch in letzter Zeit festgestellt, dass die Gefahren bei dieser Lebensform in einer zunehmenden persönlichen Vereinsamung und Isolation liegen.
- **Partnerschaft ohne Eheschließung:** Häufig geht diese Lebensform der Eheschließung voraus. Dies hat den Vorteil, dass die Partner in dieser Probezeit prüfen können, ob sie zusammenpassen. Es ist jedoch zu bedenken, dass der rechtliche und wirtschaftliche Schutz, der in der Ehe durch das Gesetz garantiert ist, in dieser Form der Partnerschaft fehlt.
- **Wohngemeinschaften:** Diese oft rein wirtschaftlich und sozial orientierte Lebensform stellt keine eigentliche Alternative zur Ehe dar.

← 3.3/3

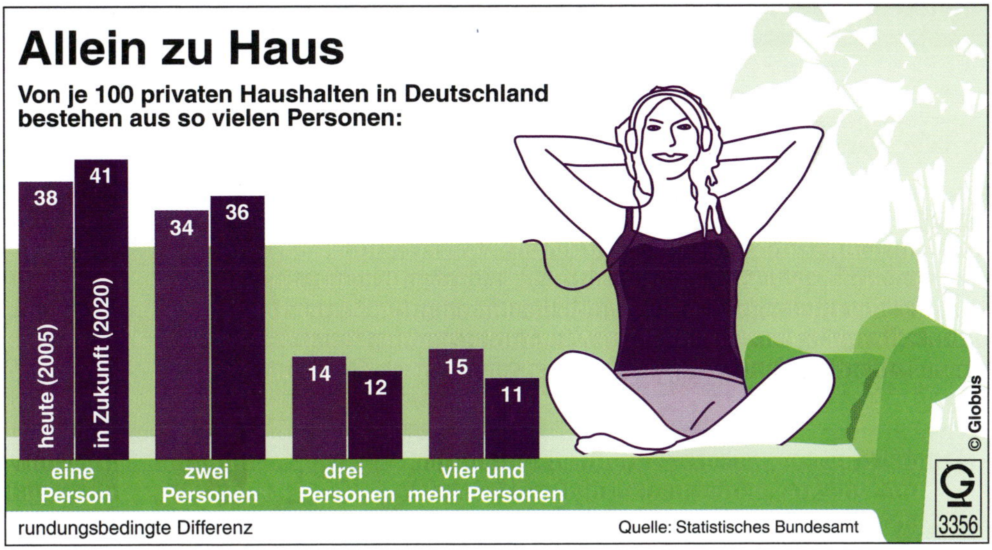

Aufgaben

1. *Interpretieren Sie die oben stehende Grafik.*
2. *Worin liegen Ihrer Meinung nach die Ursachen für diese Entwicklung?*

← 3.3/4

Yasmin S.: *„Ich will unbedingt heiraten und Kinder bekommen, denn sonst hat das Leben für mich keinen Sinn."*

Marcel M.: *„Für mich kommt nur eine Wohngemeinschaft infrage. Ich brauche Menschen um mich herum. An eine bestimmte Person möchte ich mich auf längere Zeit nicht binden."*

Dennis P.: *„Ich heirate doch nicht. Ich glaube, man kann viel besser zusammenleben, wenn man nicht verheiratet ist, da strengen sich die Partner mehr an. Kinder will ich auch keine, denn in unserer Zeit ist es unverantwortlich, Kinder in die Welt zu setzen."*

Ayman C.: *„Heiraten oder nicht, das kann ich heute noch nicht entscheiden, denn mit 18 Jahren bin ich noch sehr jung. Ich werde erst einmal sehen, was das Leben noch so bringt."*

Aufgaben

1. *Verteilen Sie die Rollen der vier Jugendlichen auf vier Ihrer Mitschüler/-innen. Diese Schüler und Schülerinnen sollen die vorgegebenen Standpunkte übernehmen und entsprechend diskutieren. Bestimmen Sie vorher das Thema der Diskussion (z. B. „Ehe – pro und kontra" oder „Wir brauchen keine Ehe mehr").*
2. *Alternative: Geben Sie jeweils in drei Sätzen Ihre Meinung zu den Aussagen der vier Jugendlichen wieder.*

Wichtiges Wissen

Sozialer Wandel

Grundtrends des sozialen Wandels

- Anstieg des allgemeinen Lebensstandards
- Entstehung einer Bildungsgesellschaft
- Ausbau der sozialen Sicherung
- zunehmende Emanzipation der Frau
- demografische Veränderung
- multiethnische Gesellschaft

Wandel der Industriegesellschaft

Dienstleistungsgesellschaft

- Zunahme der Arbeitsplätze im Dienstleistungsbereich
- Rückgang in den Bereichen Landwirtschaft und verarbeitendes Gewerbe
- Arbeitslosigkeit
- neue Arbeitsverhältnisse (Zeitarbeit, Zeitverträge, Subunternehmer, freie Mitarbeiter)

Informationsgesellschaft

- Fortschritte in der Mikroelektronik
- verstärkter Einsatz von Personalcomputern und Robotern
- Nutzung des Internets
- unbegrenzte Informationsbeschaffungsmöglichkeiten
- Arbeitsplätze im IKT-Bereich

Wertewandel

Familie früher

- Großfamilie: mehrere Generationen leben zusammen
- Familie als Produktionsgemeinschaft in Landwirtschaft, Handwerk oder Handel
- Familie übernimmt Sozialfunktion: Kranken- und Altenpflege, Betreuung von Kleinkindern
- patriarchalische (vom Vater bestimmte) Familienstruktur

Familie heute

- Kleinfamilie: meistens nur Eltern und Kinder
- Trennung von Arbeitsplatz und Familie
- Sozialfunktionen sind teilweise an den Staat abgegeben: z. B. an Krankenhäuser, Seniorenheime und Kindergärten
- partnerschaftliches Zusammenleben der Familienmitglieder

Alternative Lebensformen

- innerhalb der Ehe:
  - Doppelverdiener-Familie
  - Familie mit Hausmann
  - Wochenend-Familie
- außerhalb der Ehe:
  - Single
  - Partnerschaft ohne Eheschließung
  - Wohngemeinschaften
  - eingetragene Partnerschaft (Verbindung eines gleichgeschlechtlichen Paares mit gesetzlich geregelten Rechtsfolgen)

Fragen

1. *Was bedeutet „sozialer Wandel“?*
2. *Warum ist in den letzten 50 Jahren der Lebensstandard in der Bundesrepublik Deutschland stark gestiegen?*
3. *Was versteht man unter einer Bildungsgesellschaft?*
4. *Warum ist es wichtig, dass sich in Deutschland eine Bildungsgesellschaft entwickelt?*
5. *Warum müssen die sozialen Sicherungssysteme ständig den Anforderungen der Gesellschaft angepasst werden? Erläutern Sie dies mithilfe eines Beispiels.*
6. *Warum sind auch heute nur relativ wenige Frauen in den Vorstandsetagen großer Konzerne beschäftigt?*
7. *Welcher Zusammenhang besteht zwischen der demografischen Veränderung in Deutschland und der Entwicklung zu einer multiethnischen Gesellschaft?*
8. *Warum entwickelt sich in Deutschland eine multiethnische Gesellschaft?*
9. *Warum ist in Deutschland die Arbeitslosigkeit relativ hoch?*
10. *Was bedeutet Arbeitslosigkeit für den einzelnen Menschen?*
11. *Erklären Sie den Begriff „Globalisierung“. Welcher Zusammenhang besteht zwischen der Globalisierung und der Arbeitslosigkeit in Deutschland?*
12. *Was versteht man unter dem Prinzip des Förderns und Forderns in der Arbeitsmarktpolitik?*
13. *Warum nimmt die Zahl der Leiharbeiter in Deutschland ständig zu?*
14. *Beschreiben Sie die Entwicklung der Zahl der Erwerbstätigen in den verschiedenen Wirtschaftsbereichen.*
15. *Warum konnte die Zahl der Beschäftigten im Bereich des produzierenden Gewerbes abnehmen, obwohl der Wert der produzierten Güter gestiegen ist?*
16. *Welche Vorteile für den Arbeitgeber und welche Nachteile für den Arbeitnehmer haben Zeitarbeitsverträge?*
17. *Welche Veränderungen im Bereich der Wirtschaft sind durch Einführung der Mikroelektronik zu beobachten?*
18. *Nehmen Sie Stellung zu der Aussage: „Das Handy hat die Welt verändert“.*
19. *Nehmen Sie Stellung zu der Aussage: „Die Mikroelektronik frisst Arbeitsplätze“.*
20. *Inwiefern hat die Mikroelektronik Ihr Leben verändert? Erläutern Sie dies an zwei selbst gewählten Beispielen.*
21. *Warum muss das Internet ständig von staatlichen Stellen überwacht werden? Erklären Sie dies mithilfe zweier Beispiele.*
22. *Stellen Sie die Funktionen der Familie früher und heute einander gegenüber.*
23. *Welche wichtigen Aufgaben hat die Familie auch heute noch?*
24. *Wie hat sich die Funktion der Mutter in der Familie gewandelt?*
25. *Warum gibt es heute vermehrt Doppelverdiener-Familien?*

4 Probleme des modernen Sozialstaates, Lösungsansätze und Stellung im internationalen Vergleich

„Der Sozialstaat steckt in der Krise! Die soziale Sicherung wird unbezahlbar! Der Wohlfahrtsstaat gerät an seine Grenzen!" Diese Thesen kann man heute immer wieder hören, und zwar aus fast allen politischen oder gesellschaftlichen Bereichen. Damit wollen viele Menschen ihre Unzufriedenheit mit dem bestehenden System ausdrücken.

Die direkten Nutznießer des Sozialstaates, die aus seinen Kassen Transferzahlungen und Sachleistungen erhalten, also Kinder und Alte, Kranke und Invalide, arme Familien und bedürftige Studenten wünschen sich häufig eine deutliche Verbesserung der Unterstützung.
Auch aus der Sicht der indirekten Nutznießer wie Ärzte, Krankenhäuser und Kureinrichtungen, der Pharmaindustrie und der Wohlfahrtsverbände müssten die sozialen Leistungen erhöht werden.
Auf der anderen Seite ist für diejenigen, die ihre Kosten in Gestalt von Beiträgen und Steuern finanzieren müssen, also für die Mehrheit der Bevölkerung, das Sozialsystem viel zu teuer. Finanzierungs- und Strukturprobleme lassen das gesamte System des Sozialstaates in die Kritik geraten.

4.1 Finanzierungsprobleme

Die Diskussion um den Sinn und die Effizienz unseres Sozialstaates, der Wohlfahrtsstaatsdiskurs, kreist seit Jahrzehnten vor allem um das Finanzierungsproblem.
Dabei steht der Wohlfahrtsstaat bei diesem Problem vor derselben Situation wie jeder Bürger: Reicht das Geld nicht, sind entweder die Ausgaben zu hoch oder die Einnahmen zu gering.

← 4/1

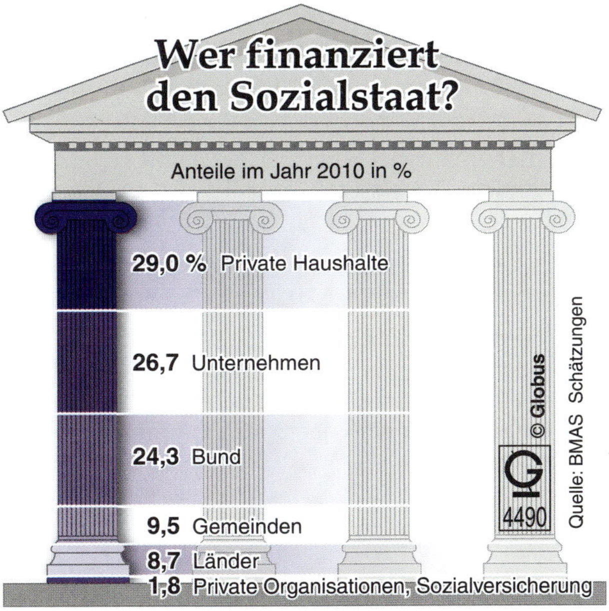

Aufgaben

1. *Beschreiben Sie die dargestellte Grafik.*
2. *Wie sind die Unternehmen an der Finanzierung des Sozialstaats beteiligt?*
3. *Wodurch finanzieren die privaten Haushalte den Sozialstaat?*

← 4/2

Aufgaben

1. *Beschreiben Sie die Karikatur.*
2. *Warum vertrauen viele Bürger dem sozialen Schutz des Staates?*
3. *Welche weiteren Probleme, außer den dargestellten, bedrohen den Sozialstaat?*

Als ein Grund für die gestiegenen Ausgaben wird häufig der hohe Stand der Arbeitslosigkeit mit den damit verbundenen hohen Ausgaben für Arbeitslosengeld I und II genannt. Die sinkende Zahl der Arbeitslosen in den letzten Jahren müsste aber eine spürbare finanzielle Entlastung bringen.

Ein weiterer Aspekt liegt in der demografischen Entwicklung, z. B. der damit verbundene Anstieg der Kosten im Bereich der Altenpflege. Dieses Problem wird sich in den kommenden Jahren sicher noch verschärfen.

Pressemitteilung des statistischen Bundesamts vom 12.04.2012:

Sozialversicherung 2011 mit hohem Finanzierungsüberschuss
WIESBADEN – Die Sozialversicherung – in Abgrenzung der Finanzstatistik – verzeichnete im Jahr 2011 einen kassenmäßigen Finanzierungsüberschuss von 13,8 Milliarden Euro. Wie das Statistische Bundesamt mitteilt, war damit der Finanzierungsüberschuss um 10,9 Milliarden Euro höher als im Jahr 2010 [...]

Quelle: Statistisches Bundesamt, Pressemitteilung vom 12.04.2012, Zugriff unter: https://www.destatis.de/DE/PresseService/Presse/Pressemitteilungen/2012/04/PD12_132_71135.html, [24.05.2012]

Ineffiziente Verwaltungsstrukturen, z. B. bei den vielen Krankenkassen in Deutschland oder durch eine aufgeblähte Arbeitsverwaltung, werden ebenfalls als ein Grund für die hohe Ausgabenbelastung genannt. In diesen Bereichen sind in letzter Zeit Fortschritte erzielt worden. Die Zahl der Krankenkassen hat deutlich abgenommen und die Arbeitsagentur plant, in Zukunft mit weniger Personal auskommen.

Auch das überzogene Anspruchsdenken bei den Bürgern, die eine soziale Rundumsicherung durch den Staat erwarten, führt zu hohen Ausgaben. Dies wurde der Bevölkerung auch über viele Jahre hinweg als möglich vorgegaukelt. Die Eigenverantwortung, die ein kostenbewusstes Verhalten nach sich zieht, trat dabei in den Hintergrund.

Als ein Grund für die zu geringen Einnahmen der Sozialsysteme wird ebenfalls häufig die hohe Arbeitslosigkeit genannt, mit der Folge, dass die Einnahmen in allen Bereichen der Sozialversicherung geringer werden und auch die Steuereinnahmen sinken.

Außerdem sind die Angehörigen einiger gesellschaftlicher Bereiche, wie z. B. Selbstständige, Beamte oder Rentner, nicht ausreichend an der Finanzierung der Sozialsysteme beteiligt.

Ein weiterer Grund für zu geringe Einnahmen im Bereich der Sozialversicherungen ist darin zu suchen, dass keine kostendeckenden Beiträge erhoben werden. Dies liegt sicher daran, dass die Belastungsgrenze einiger Bevölkerungsschichten bereits erreicht ist, aber auch an der Tatsache, dass politisch unpopuläre Entscheidungen, die Beiträge betreffend, sich bei Wahlen negativ auf die Parteien auswirken können. Außerdem bedeutet eine Erhöhung der Sozialversicherungsbeiträge, dass die Lohnnebenkosten steigen. Dies wirkt sich negativ auf die Konkurrenzfähigkeit des Standorts Deutschland aus.

← 4.1/1

Aufgaben

1. *Beschreiben Sie, was in der oben abgebildeten Karikatur ausgesagt werden soll.*
2. *Wie könnte der beschriebene „Teufelskreis" durchbrochen werden?*

← 4.1/2

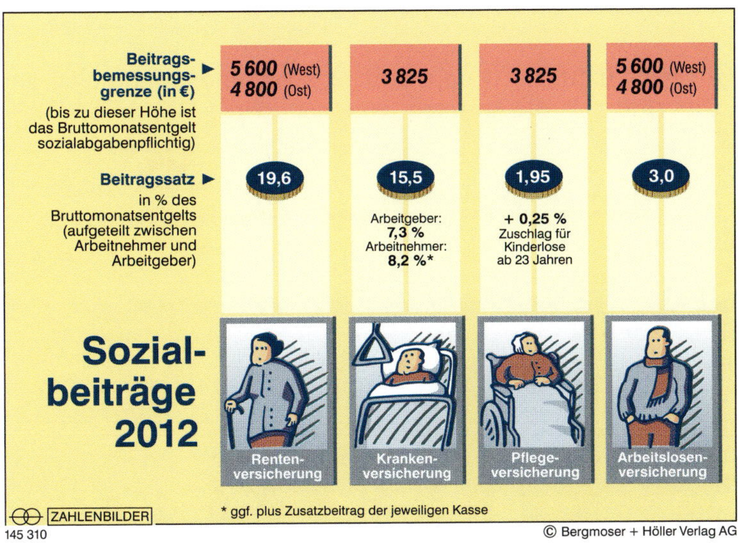

Aufgaben

1. *Was bedeutet die Beitragsbemessungsgrenze?*
2. *Welche Auswirkungen auf die Finanzierung der Sozialversicherung haben die Beitragsbemessungsgrenzen?*
3. *Wie hoch ist die Gesamtbelastung der Bürger/-innen bei den Beiträgen zur Sozialversicherung?*

4.2 Strukturprobleme

Viele Strukturprobleme des Sozialstaates sind in den Grundstrukturen der sozialen Sicherung seit Ende des 19. Jahrhunderts angelegt. Diese Strukturen haben sich seit Bismarck nur unwesentlich verändert. Hierbei ist vor allem die Zweiteilung in eine Versicherung und eine staatliche Fürsorge zu nennen.

Ein Strukturproblem liegt darin, dass einige Leistungen der Sozialversicherung, wie z. B. die Altersrente oder das Arbeitslosengeld I, in ihrer Höhe von der Position in der Arbeitswelt abhängen. Dieses Äquivalenzprinzip (vgl. S. 92) benachteiligt Menschen, die im Arbeitsleben, etwa durch einen niedrigen Arbeitslohn, Arbeitslosigkeit oder Kindererziehungszeiten, schon in ihrer aktiven Zeit benachteiligt waren, bei den Sozialleistungen.

Ein weiteres Strukturproblem zeigt sich darin, dass die sozialpolitischen Grundvorstellungen von einer vollzeitigen und lebenslangen Erwerbstätigkeit ausgehen. Erst allmählich werden abweichende Lebensbiografien, vor allem von Frauen, die aufgrund ihres Einsatzes für Familie und Kinder keine vollzeitige Erwerbstätigkeit nachweisen können, berücksichtigt.

Außerdem tragen einige gesellschaftliche Gruppen nicht oder unterproportional zur sozialen Sicherung bei. Dies sind z. B. die Beamten, Personen, deren Einkommen über der Beitragsbemessungsgrenze liegt, oder die Selbstständigen.

Ein weiteres strukturelles Problem liegt darin, dass eine Vielzahl von Krankenkassen die Verwaltungskosten erhöht. Die Zahl der Krankenkassen hat zwar infolge von Fusionen (Zusammenschlüssen) erheblich abgenommen, trotzdem gibt es heute immer noch ungefähr 150 Kassen in Deutschland.

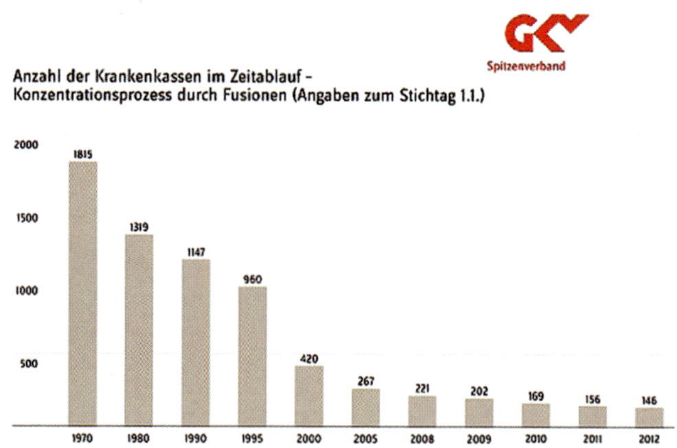

Entwicklung der Zahl der Krankenkassen, Quelle: GKV Spitzenverband

§ **Sozialgesetzbuch II § 1, Absatz 1**

Die Grundsicherung für Arbeitsuchende soll es Leistungsberechtigten ermöglichen, ein Leben zu führen, das der Würde des Menschen entspricht.

← 4.2/1

Aufgaben

1. *Was ist der Grundsatz für die Grundsicherung von Arbeitslosen?*
2. *Stellen Sie fest, was zur Grundsicherung gehört.*

← 4.2/2

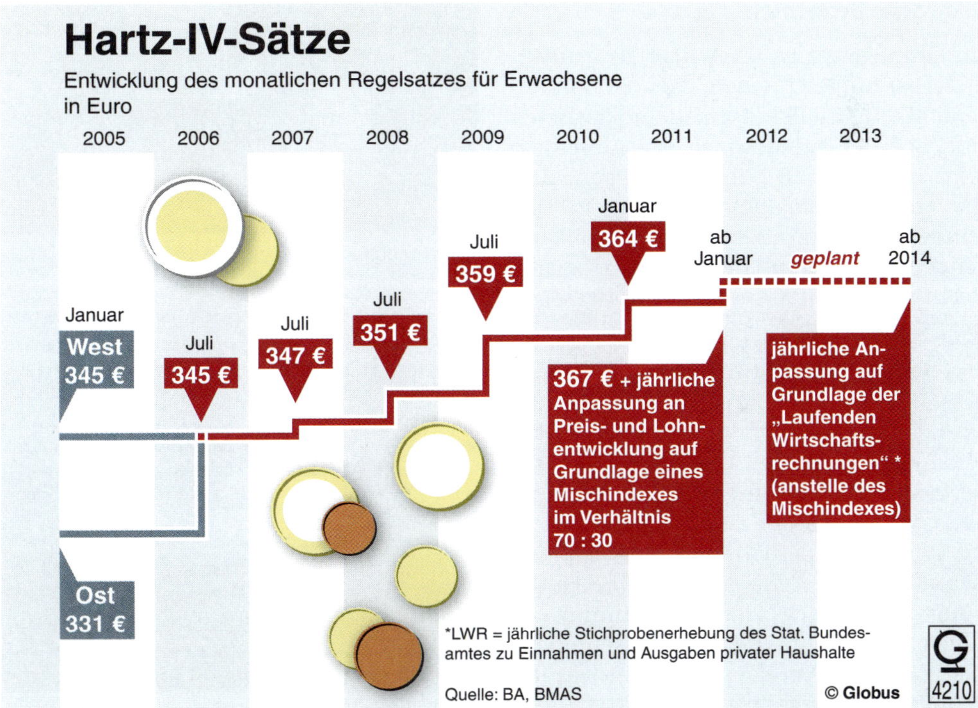

Aufgaben

1. *Beschreiben Sie die Entwicklung der Hartz-IV-Sätze.*
2. *Um wie viel Prozent wurden die Sätze seit 2006 angehoben? Stellen Sie diese Anhebung der Preisentwicklung in dieser Zeit gegenüber.*
3. *Welche Dinge, die Ihnen wichtig sind, lassen sich mit Hartz IV nicht erwerben bzw. realisieren?*

4.3 Reformen des modernen Sozialstaates

Die dargestellten Probleme des Sozialstaates zeigen, dass eine grundlegende Reform unumgänglich ist. Reformen des Sozialstaates zielen auf eine **Grundsicherung** der Bürger durch den Staat ab. Sie gehen aber auch davon aus, dass die Bürger selbst für die über die Grundsicherung hinausgehende Alters- und Notfallsicherung sorgen. Dabei wird immer wieder betont, dass die individuelle wirtschaftliche Leistungsfähigkeit in Deutschland stark gestiegen ist. Das bedeutet eine Abkehr von der sozialstaatlichen Tradition vergangener Jahre, wie sie nach wie vor im Selbstverständnis der Bürger lebt.

Bei den Überlegungen, wie der Sozialstaat Deutschland reformiert werden könnte, muss man zunächst die verfassungsrechtliche Seite betrachten.

Lebensmittelausgabe

Im Grundgesetz ist im Artikel 20,1 unveränderbar festgeschrieben, dass die Bundesrepublik Deutschland ein demokratischer und sozialer Bundesstaat ist. Außerdem wird in Artikel 28,1 festgeschrieben, dass die verfassungsmäßige Ordnung in den Ländern den Grundsätzen des republikanischen, demokratischen und sozialen Rechtsstaates im Sinne des Grundgesetzes entsprechen muss.

Das **Sozialstaatsgebot** ist also im Grundgesetz festgelegt, aber nicht eingehender oder genauer definiert. Trotz der fehlenden Erklärung kann die Festlegung auf das Sozialstaatsprinzip nicht ohne Weiteres verlassen werden, sie ist das Ergebnis einer mehr als hundertjährigen Entwicklung, die auch ohne verfassungsmäßige Festlegung das politische Denken bestimmt.

Allgemeiner politischer und wissenschaftlicher Konsens ist, dass der Sozialstaat folgendermaßen gekennzeichnet ist:

- soziale Sicherung, wenn der Einzelne aus eigenen Kräften dazu nicht in der Lage ist (Subsidiaritätsprinzip),
- soziale Gerechtigkeit durch möglichst gleichmäßige Verteilung der sozialen und wirtschaftlichen Lasten auf alle Bevölkerungsschichten,
- Garantie sozialer Gleichheit,
- Abbau sozialer Spannungen oder Konflikte (sozialer Friede).

← 4.3/1

Steuerfinanzierte Grundsicherung als Ausweg aus der Krise?

Auszug aus einem Gastkommentar von Thomas Straubhaar mit dem Thema „Gleiches Geld für alle" im Nachrichtenmagazin „Der Spiegel" vom 23.02.2010

Deutschland braucht einen Systemwechsel hin zu einer steuerfinanzierten Grundsicherung für alle, hin zu einem bedingungslosen Grundeinkommen [...].

Die Idee ist folgende: Der Staat gewährleistet allen Bürgern vom Säugling bis zum Greis lebenslang ein existenzsicherndes monatliches Einkommen. Das Grundeinkommen wird bedingungslos und damit ohne bürokratischen Aufwand ausbezahlt. Alle erhalten das Grundeinkommen, unabhängig, ob jung oder alt, beschäftigt oder arbeitslos, verheiratet oder Single. Das Grundeinkommen bleibt steuerfrei. Auf der anderen Seite werden alle Einkünfte aus Arbeit, Zinsen und Dividenden, Miete und Pacht vom ersten bis zum letzten Euro an der Quelle erfasst und mit einem einheitlichen und gleichbleibenden Steuersatz belastet.

Die meisten der heutigen Sozialtransfers könnten durch das Grundeinkommen ersetzt werden. Statt all der vielen einzelnen Sozialleistungen wie Grundrente, Sozialhilfe, Arbeitslosengeld II (Hartz IV), Bafög, Wohn- und Kindergeld sollte es nur noch das Grundeinkommen geben. Ein immer wieder erhobener Einwand gegen das Grundeinkommen ist, dass alle einen Finanztransfer erhalten - auch jene, die nicht bedürftig sind. [....] Dieses Argument lässt sich leicht entkräften. Zwar bekommen auch Reiche das Grundeinkommen. Sie „finanzieren" diesen Transfer aber auch - durch die Bruttobesteuerung ihrer Einkommen.

Straubhaar, Thomas: Gleiches Geld für alle, in: Spiegel online. Wirtschaft, vom 23.02.2010, Zugriff unter: http://www.spiegel.de/wirtschaft/soziales/0,1518,679461,00.html [23.09.2011] (Auszug)

Aufgaben

1. *Was versteht man unter Grundsicherung?*
2. *Welche Vorteile hätte eine Grundsicherung?*
3. *Welche Nachteile hätte die oben beschriebene Grundsicherung?*
4. *Erstellen Sie in Ihrer Klasse ein Plakat, auf dem Sie die Vor- und Nachteile der Grundsicherung einander gegenüberstellen.*
5. *Warum könnte eine Grundsicherung die Eigenverantwortlichkeit der Bürger stärken?*
6. *Wie stehen Sie persönlich zu einer Grundsicherung? Begründen Sie Ihre Aussage.*
7. *Warum ist es nicht ungerecht, dass auch Besserverdiener eine Grundsicherung erhalten?*

Diese Aspekte können bei einer Reformdiskussion nicht unbeachtet bleiben. Eine Erweiterung des Grundgesetzes, in dem die „sozialen Grundrechte“ aufgenommen würden, könnte eine genauere Definition beinhalten.

Dabei wäre eine Einschränkung des sozialstaatlichen Prinzips, wie es derzeit verwirklicht ist, möglich, da der Grundsatz der Sozialstaatlichkeit nicht an eine bestimmte Verfahrensweise gebunden ist.

Man muss jedoch bedenken, dass eine Trendwende, weg vom derzeitigen Versorgungsstaat, nur sehr schwer durchgesetzt werden kann. Der Prozentsatz der Nutznießer des derzeitigen Systems liegt relativ hoch. Bei Wahlen stellen diese ca. 30 % der Bevölkerung ein gewichtiges Wählerpotenzial dar, mit dem die Politiker bei unpopulären Entscheidungen rechnen müssen.

Das Prinzip der sozialen Solidarität, bei dem der Sozialstaat beachten soll, das erwirtschaftete Sozialprodukt möglichst gerecht zu verteilen und dabei besonders alle Bürger berücksichtigen muss, die aufgrund von Benachteiligungen nicht in der Lage sind, so erfolgreich zu sein wie andere, hat auch problematische Aspekte. Dieser Gedanke erzeugt Anspruchshaltungen, die nur schwer wieder zu revidieren sind, und die auch zum Missbrauch des Systems führen können.

Bei einer Reform des Sozialstaats sollten folgende Grundsätze einer liberalen Demokratie berücksichtigt werden: Der Staat

- sollte sich aus den Belangen der Bürger weitgehend heraushalten,
- sollte nicht überregulieren und nicht überbürokratisch agieren,
- sollte die Rahmenbedingungen schaffen, die selbstverantwortliches Handeln der Bürger ermöglicht,
- sollte als Schiedsrichter auftreten, wenn divergierende Interessen auftreten.

Die mögliche Gestaltung eines zukünftigen Sozialstaates könnte folgender Grundstruktur folgen:

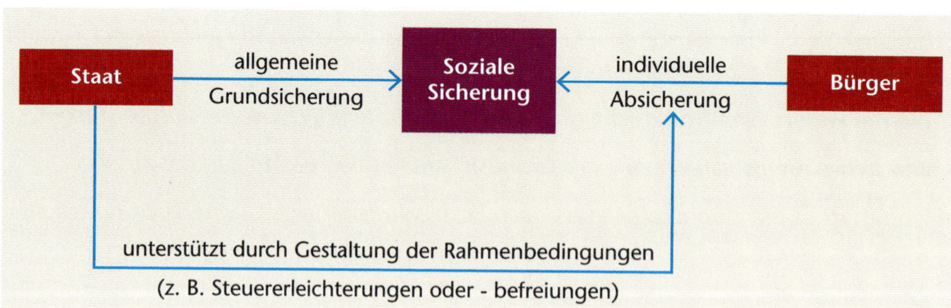

← 4.3/2

Aus dem Grundsatzprogramm der CDU von 2007

Die CDU ist einer sozialen Politik verpflichtet, die die Lebenschancen der Menschen und das Miteinander in der Gesellschaft verbessert. Eine nur auf finanzieller Zuwendung beruhende Vorstellung von Sicherheit und Solidarität lehnen wir ab. Nur eine Kombination aus Eigenverantwortung, staatlichen Leistungen und bürgerschaftlichem Engagement kann die Sicherheit schaffen, die die Menschen brauchen.

Aus dem Grundsatzprogramm der SPD von 2007

Das Fundament des Sozialstaates bilden auch in Zukunft staatlich verbürgte soziale Sicherung und Teilhabe, der einklagbare Rechtsanspruch auf Sozialleistungen sowie die Arbeitnehmerrechte.

Aus dem Grundsatzprogramm der FDP von 2012

Die heutige Umlagefinanzierung der Sozialversicherungen ist den demografischen Zukunftsherausforderungen nicht gewachsen. Wir brauchen deshalb mehr Kapitaldeckung. Dies betrifft in besonderem Maße die soziale Pflegeversicherung, damit auch in Zukunft eine pflegerische Versorgung möglich ist, die den Pflegebedürftigen ein Leben in Würde und in angemessener Lebensqualität ermöglicht.

Aus dem Grundsatzprogramm von Bündnis 90/Die Grünen von 2002

Gleichzeitig brauchen die Bürgerinnen und Bürger für die Bewältigung schwieriger Lebenslagen eine verlässliche soziale Sicherung und Vernetzungen, um ihr eigenes Schicksal in die Hand nehmen zu können. Nicht die entmündigende Fürsorge für andere ist das Kernstück bündnisgrüner Sozialpolitik, sondern die Schaffung einer sozialpolitischen Infrastruktur, die zu einer selbstbestimmten Entwicklung aller Menschen ermutigt und solidarisches Handeln fördert. Sozialpolitik hat die Aufgabe, gleichberechtigte Lebenschancen und -bedingungen für ein selbstbestimmtes Leben zu ermöglichen.

Aufgaben

1. *Stellen Sie die Unterschiede der verschiedenen Parteien in Bezug auf die Sozialpolitik dar.*
2. *Wo können Sie Gemeinsamkeiten in den Programmen der Parteien zur sozialen Sicherung erkennen?*
3. *Welche Aussage kommt Ihrer persönlichen Einstellung zum Thema „Sozialpolitik" am nächsten? Begründen Sie Ihre Entscheidung.*

4.4 Das deutsche Sozialsystem im internationalen Vergleich

Vergleicht man die Sozialsysteme verschiedener Länder, so kann man vier unterschiedliche Formen feststellen:

- Staaten mit konservativem Sozialsystem

- Staaten mit einem liberalen Sozialsystem

- sozialdemokratische Staaten

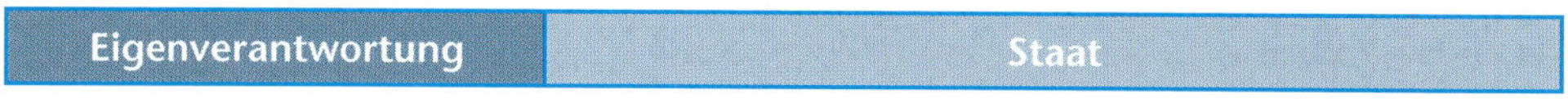

- Staaten ohne ein Sozialsystem

Betrachten wir nun die dargestellten Ausprägungsformen im Einzelnen:

Konservative Wohlfahrtsstaaten

Zu Ländern mit diesem Sozialsystem gehören Deutschland, Frankreich, Österreich oder auch Italien. Wie bereits beschrieben greift der Staat hierbei nur ein, wenn z. B. eine Familie nicht in der Lage ist, sich selbst zu helfen. Wenn also ein Kind eine weiterführende Schule besucht, erhält es nur dann „BAföG-Zahlungen", wenn die eigenen Eltern nicht über genügend eigene Mittel verfügen, um die Ausbildung zu finanzieren.

Staaten mit liberalen Sozialsystemen

Zu diesen Wohlfahrtsstaaten zählen z. B. die USA, Kanada und Australien. In Europa ist diese Form des Sozialstaates kaum anzutreffen. Erst wenn ein Bürger aufgrund von Alter, Krankheit oder aus sonstigen Gründen seine Existenz nicht mehr über die eigene Arbeit finanzieren kann, springt der Staat ein. Dies geschieht aber erst nach einer sehr genauen Prüfung des tatsächlichen Bedarfes. Wenn der Staat nach dieser Prüfung Sozialleistungen bezahlt, sind diese aber nur sehr gering. Die eigene Wohlfahrt wird in Staaten mit liberalen Sozialsystemen über den Markt geregelt. Sozialversicherungsprogramme sind eher dürftig, eine allgemeine Krankenversicherung keine Normalität. Wer sich keine teure Sicherung leisten kann, muss lebenslang arbeiten und darauf hoffen, dass er nicht arbeitslos oder krank wird.

Armut in den USA

4.4/1

Aus einem Bericht des Instituts der deutschen Wirtschaft, Köln

Kaum war die Immobilienblase in den Vereinigten Staaten geplatzt, schoss die Arbeitslosenquote in die Höhe. Im Oktober 2009 betrug sie fast 10 Prozent und der Anteil der Langzeitarbeitslosen kletterte 2010 über die 40-Prozent-Marke (Grafik). Die Erwerbstätigenquote der Jugendlichen unter 25 Jahren sank gleichzeitig auf bedenkliche 45 Prozent. Solche Entwicklungen wären selbst für europäische Sozialsysteme ein Härtetest. Für die Vereinigten Staaten bedeuteten sie den Super-GAU. Denn dort basieren die sozialen Leistungen auf der ehernen Überzeugung, dass jeder, der arbeiten will, auch Arbeit findet. Entsprechend sieht das US-Sozialsystem nur wenige Hilfsmaßnahmen für die Schwächsten vor. Einige Beispiele:

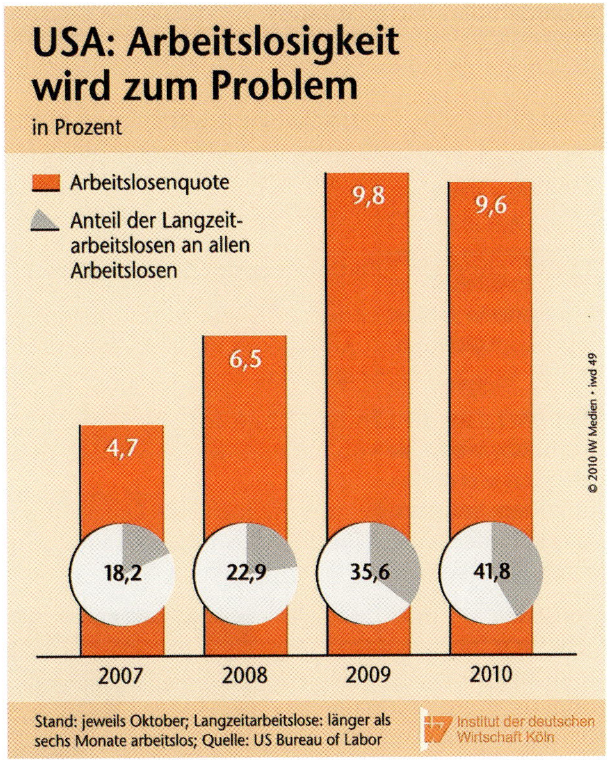

© 2010 IW Medien · iwd 49

- Die – knapp bemessene – Sozialhilfe existiert nur für Alleinerziehende, und sie müssen sich Arbeit suchen, sobald ihre Kinder älter als drei Monate sind.
- Anspruch auf Lebensmittelmarken haben alle Armen, aber Alleinstehenden werden die Marken gestrichen, wenn sie länger als drei Monate arbeitslos sind.
- Das steuerpflichtige Arbeitslosengeld wird maximal sechs Monate lang gezahlt und beträgt lediglich 50 Prozent des vorherigen Bruttolohns.
- Die Arbeitslosen müssen auch auf die freiwilligen Arbeitgeberzuschüsse zur Kranken- und Rentenversicherung verzichten, wenn sie ihren Job verlieren. Denn das Versicherungssystem ist in der Regel als Gruppenversicherung über die Unternehmen organisiert. Viele Arbeitslose können die vollen Beiträge jedoch nicht aufbringen.

Peter, Waltraut: US-Sozialpolitik in Zeiten der Krise, in: IW-Trends 4/2010, hrsg. vom Institut der Deutschen Wirtschaft, Köln, Zugriff unter: http://www.iwkoeln.de/Publikationen/iwd/Archiv/tabid/122/articleid/30718/Default.aspx [28.02.2012]

Aufgaben

1. *Warum spricht man davon, dass die USA ein liberales Sozialsystem haben?*
2. *Vergleichen Sie das Sozialsystem der USA mit dem der Bundesrepublik Deutschland.*

Sozialdemokratische Staaten

Zu den sozialdemokratischen Wohlfahrtsstaaten zählt man Schweden, Norwegen, Finnland und auch Dänemark. In diesen Ländern wird der Staat zum entscheidenden Akteur. Er garantiert eine finanzielle Grundversorgung ohne Standesunterschiede. Eigenverantwortung ist nicht gefordert und wird auch nicht erwartet. Diese finanzielle Grundversorgung bewegt sich auf einem hohen Niveau. Finanziert wird diese über eine vergleichsweise hohe Steuerlast für alle Bürgerinnen und Bürger.

Staaten ohne ein funktionierendes Sozialsystem

Immer noch gibt es Länder, die kein funktionierendes Sozialsystem haben. Sie befinden sich hauptsächlich in Afrika oder in Asien. Was dies für die Bevölkerung bedeutet, zeigt sich in vielen Lebensbereichen.

Menschen, die in Ländern ohne soziales Sicherungssystem leben, rutschen schnell in Armut ab, wenn sie von einem Schicksalsschlag wie Krankheit oder Erwerbsunfähigkeit getroffen werden.
Außerdem müssen sie, um ihr tägliches Leben finanzieren zu können, möglicherweise ihr Vieh oder andere Produktionsmittel veräußern und ihre Kinder zur Arbeit statt zur Schule schicken.

Menschen ohne soziale Sicherheit neigen dazu, ihr Geld nicht zu investieren, sondern es für Notfälle zu sparen. Damit werden die wirtschaftlichen Entwicklungsmöglichkeiten eines Landes gesenkt.

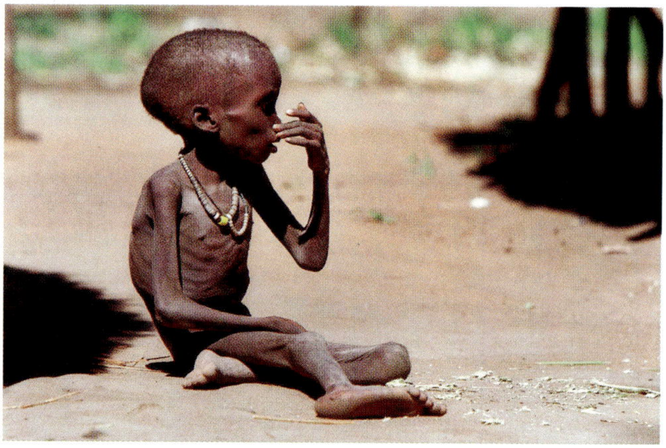

Hungerndes Kind im Süd-Sudan (Afrika)

Man muss auch bedenken, dass soziale Sicherungssysteme auch politische Stabilität schaffen. In Ländern ohne Sozialsysteme wächst die Bereitschaft der Bevölkerung, das politische System notfalls auch mit Gewalt zu verändern.

Außerdem zeigt der Staat mit dem Aufbau eines funktionierenden Sozialsystems seinen Bürgern, dass er seine Verantwortung wahrnimmt. Dies fördert auf der anderen Seite die Bereitschaft der Bevölkerung, ihren Pflichten gegenüber der Gemeinschaft nachzukommen.

Alle dargestellten Punkte zeigen, dass die Entwicklung eines Landes wesentlich vom Aufbau und vom Funktionieren eines Sozialsystems abhängt. Dass dies viel Geld kostet, ist nachvollziehbar. Hier wären also die reichen Industrienationen gefordert, durch Unterstützung der armen Länder der Erde beim Aufbau einer sozialen Sicherung eine nachhaltige Entwicklung zu fördern.

← 4.4/2

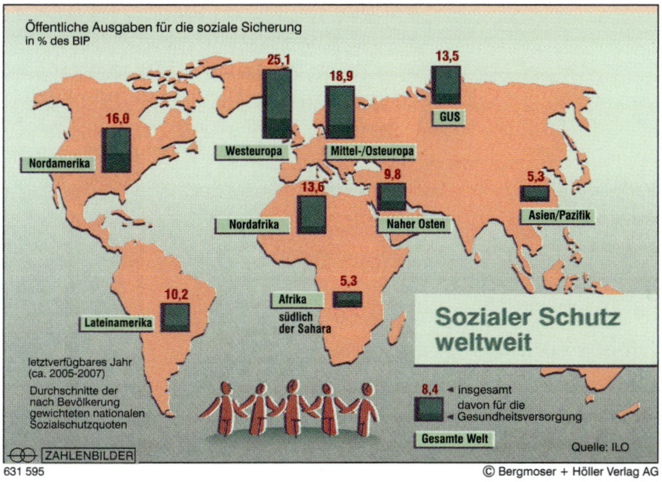

Aufgaben

1. *Interpretieren Sie die oben stehende Grafik.*
2. *Wie erklären sich die Unterschiede?*
3. *Warum gibt es auch beim sozialen Schutz ein Nord-Süd-Gefälle?*

← 4.4/3

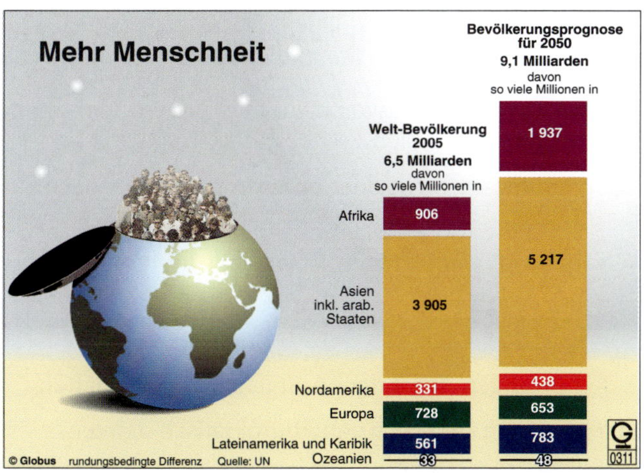

Aufgaben

1. *Beschreiben Sie die Entwicklung der Weltbevölkerung.*
2. *Welcher Zusammenhang besteht zwischen dem Sozialsystem und dem Wachstum der Bevölkerung?*
3. *Warum ist es dringend notwendig, in den Entwicklungsländern funktionierende Sozialsysteme aufzubauen?*

Wichtiges Wissen

Probleme des Sozialstaates

Finanzierungsprobleme

Zu hohe Ausgaben:

- hohe Arbeitslosigkeit, mit den damit verbundenen hohen Ausgaben für Arbeitslosengeld I und II,
- demografische Entwicklung,
- ineffiziente Verwaltungsstrukturen,
- überzogenes Anspruchsdenken bei den Bürgern

Zu geringe Einnahmen:

- hohe Arbeitslosigkeit, mit der Folge, dass die Einnahmen in allen Bereichen der Sozialversicherung geringer werden und auch die Steuereinnahmen sinken,
- einige gesellschaftliche Gruppen beteiligen sich nicht ausreichend an der Finanzierung der Sozialsysteme,
- keine kostendeckenden Beiträge

Strukturprobleme

- Einige Leistungen der Sozialversicherung hängen in ihrer Höhe von der Position in der Arbeitswelt ab. Dieses Äquivalenzprinzip benachteiligt Menschen, die schon in ihrer aktiven Zeit benachteiligt waren.
- Die sozialpolitischen Grundvorstellungen gehen von einer vollzeitigen und lebenslangen Erwerbstätigkeit aus.
- Einige Gruppen tragen nicht oder unterproportional zur sozialen Sicherung bei.
- Eine Vielzahl von Krankenkassen erhöht die Verwaltungskosten.

Reformen des Sozialstaates

Der Staat sollte

- sich aus den Belangen der Bürger weitgehend heraushalten,
- nicht überregulieren und nicht überbürokratisch agieren,
- Rahmenbedingungen schaffen, die ein selbstverantwortliches Handeln der Bürger ermöglichen,
- als Schiedsrichter auftreten, wenn divergierende Interessen auftreten.

Sozialsysteme im internationalen Vergleich

- Staaten mit konservativem Sozialsystem,
- Staaten mit einem liberalen Sozialsystem,
- sozialdemokratische Staaten,
- Staaten ohne ein Sozialsystem

Fragen

1. *Warum spricht man davon, dass der Sozialstaat in der Krise steckt?*
2. *Wodurch ist ein Sozialstaat gekennzeichnet?*
3. *Inwieweit nehmen Sie persönlich unseren Sozialstaat in Anspruch?*
4. *Welche Probleme hat der deutsche Sozialstaat?*
5. *Wie wird der Sozialstaat finanziert?*
6. *Warum sind die gesamten Ausgaben für die soziale Sicherung in Deutschland zu hoch?*
7. *Machen Sie Vorschläge, wie die hohen Ausgaben für die soziale Sicherung in Deutschland gesenkt werden könnten.*
8. *Wovon sind die Einnahmen für die Sozialsysteme in Deutschland abhängig?*
9. *Warum sind die Einnahmen der Sozialsysteme in Deutschland zu niedrig?*
10. *Nehmen Sie Stellung zu folgender Aussage: „Vollbeschäftigung stärkt die soziale Sicherung einer Volkswirtschaft".*
11. *Welche Strukturprobleme hat unser Sozialstaat?*
12. *Machen Sie Vorschläge, wie die Strukturprobleme unseres Sozialstaates überwunden werden könnten.*
13. *Warum kann man in Deutschland nicht einfach auf die Sozialstaatlichkeit verzichten?*
14. *Was versteht man unter dem Sozialstaatsgebot?*
15. *Warum dient der Sozialstaat dem sozialen Frieden eines Landes?*
16. *Machen Sie Vorschläge, wie der Sozialstaat Deutschland reformiert werden könnte.*
17. *Wie könnte eine Grundsicherung der Bevölkerung aussehen?*
18. *Welche Grundsätze sollten bei der Reform des Sozialstaates berücksichtigt werden?*
19. *Welche Rolle könnte der Staat in einem reformierten Sozialsystem spielen?*
20. *Warum ist eine grundlegende Reform des Sozialstaates politisch nur schwer durchzusetzen?*
21. *Welche verschiedenen Formen von Sozialsystemen gibt es?*
22. *Welches Sozialsystem bevorzugen Sie? Begründen Sie ausführlich Ihre Meinung.*
23. *Nehmen Sie Stellung zu folgender Aussage: „In einem liberalen Sozialsystem sollte man möglichst immer jung bleiben, nie krank werden und einen guten Beruf haben".*
24. *Aus welcher Tradition heraus hat die Bundesrepublik Deutschland ein konservatives Sozialsystem?*
25. *Informieren Sie sich über das Sozialsystem in Schweden, das für viele als vorbildlich gilt. Schreiben Sie einen entsprechenden Bericht.*
26. *Welche Probleme haben Staaten ohne ein funktionierendes Sozialsystem?*
27. *Nehmen Sie Stellung zu folgender Aussage: „Ohne Sozialsystem keine Entwicklung".*

Glossar

Absolutismus	uneingeschränkte Macht und Alleinherrschaft eines Königs oder Fürsten
Äquivalenz	von lat.: *aequus* „gleich" und *valere* „Wertigkeit", bezeichnet die Gleichwertigkeit verschiedener Dinge: bei privaten Versicherungen die Kalkulation der Beiträge für das zu versichernde Risiko (hohes Risiko = hohe Prämie)
Äquivalenzprinzip	Prinzip, nach dem die Bürger für Leistungen ihres Staates durch entsprechende Abgaben zur Finanzierung dieser Leistung herangezogen werden
Aristokratie	Herrschaft einer Gruppe von Adeligen
Aufklärung	Die Epoche der Aufklärung umfasst die Zeitspanne des 17./18. Jh. In dieser Zeit veränderte sich das Denken der Menschen: Ziel war das individuelle und unabhängige Denken der Menschen. So sollten die Bürger sich nicht von politischen Herrschern und religiösen Führern „steuern" lassen. Folge des neuen Denkens waren Kritik an Kirche und Staat und die Forderung nach „Gleichheit und Freiheit" aller Menschen.
autonom	unabhängig
Beitragsbemessungsgrenze	Betrag, bis zu dem Beiträge zur gesetzlichen Sozialversicherung höchstens erhoben werden. Der Teil des Bruttoeinkommens, der die Beitragsbemessungsgrenze übersteigt, bleibt für die Berechnung des Beitrags außer Betracht.
Demografie	Wissenschaft, die sich statistisch mit der Entwicklung von Bevölkerungen und deren Strukturen befasst
Demokratie,	Herrschaft des Volkes
- präsidentielle	Sowohl der Präsident (Regierungschef) als auch das Parlament werden vom Volk direkt gewählt.
- repräsentative	Die Entscheidungsbefugnisse werden in dieser demokratischen Herrschaftsform den vom Volk gewählten Abgeordneten (Repräsentanten) übertragen.
Dienstleistungsgesellschaft	Gesellschaft, in der immer mehr Menschen im Dienstleistungsbereich arbeiten. Die Zahl der Arbeitsplätze in den Bereichen Landwirtschaft und Industrie geht zunehmend zurück.
Diktatur	uneingeschränkte Herrschaft einer einzelnen Person oder einer Gruppe von Personen
Dogmatismus	starres Festhalten an bestimmten Lehren, Meinungen und Glaubensregeln
Einkommensschere	Bild zur Verdeutlichung der Differenz zwischen den niedrigen und den hohen Einkommen in einer Gesellschaft, die wie die Blätter einer Schere auseinanderklaffen

Emanzipation	Akt der gesellschaftlichen und politischen Selbstbefreiung. Ziel der Emanzipation ist ein Zugewinn an Freiheit oder Gleichheit. Heutzutage steht der Begriff häufig synonym für die Frauenemanzipation.
Exekutive	ausführende Gewalt (die Regierung)
Extremismus	Ablehnung und Kampf gegen bestehende demokratische Verfassungsgrundsätze und den demokratischen Staat
Föderalismus	bestimmter Aufbau eines Bundesstaates, zu dem sich mehrere Bundesländer zusammengeschlossen haben. Die Bundesländer behalten dabei eine gewisse Selbstständigkeit in bestimmten Entscheidungen.
Grundsicherung	Eine am Bedarf der Bürger orientierte Leistung des Staates zur Sicherstellung des Lebensunterhaltes.
Herrschaft, staatliche	rechtmäßiges Verhältnis zwischen Herrschenden (Staatsmacht) und Beherrschten (Volk)
Informationsgesellschaft	Gesellschaft, in der alle Lebensbereiche von Informations- und Kommunikationstechnologien durchdrungen sind
Infrastruktur	technische und soziale Einrichtungen für die Daseinsvorsorge der Bevölkerung und die wirtschaftliche Entwicklung eines Gebietes (z. B. Anlagen für Verkehr, Kommunikation, Ver- und Entsorgung, soziale Dienste, Gesundheitswesen, Sport und Erholung). Im erweiterten Sinne umfasst die Infrastruktur darüber hinaus Versorgungseinrichtungen für die Bevölkerung (Kindergärten, Schulen, Spielplätze, Jugendeinrichtungen, Senioreneinrichtungen usw.).
Integration	Eingliederung von Menschen und sozialen Gruppen in ein bestehendes soziales und gesellschaftliches System
Invalidität	dauerhafte körperliche Behinderung (meist in Prozent der Leistungsminderung ausgedrückt). Als Begriff in der Kranken- und Rentenversicherung der Bundesrepublik heute nicht mehr enthalten (ersetzt durch Berufsunfähigkeit).
Judikative	rechtsprechende Gewalt (Richter)
Kapitalismus	Wirtschafts- und Gesellschaftssystem, in dem sich die Produktionsmittel im Privatbesitz befinden und das sich grundsätzlich nach Angebot und Nachfrage richtet
Konkordanzdemokratie	demokratische Regierungsform, in der Konflikte über Verhandlungen und Kompromisse gelöst werden
Konkurrenzdemokratie	demokratische Regierungsform, in der Konflikte über politische Mehrheiten gelöst werden

Kulturgüter künstlerische Produkte, die als wichtig und erhaltenswert anerkannt sind

Landflucht Abwanderung der Bevölkerung aus ländlichen Regionen in die Städte, Gründe dafür können mangelnde Arbeitsmöglichkeiten und eine unzureichende Infrastruktur sein.

Lebensstandard Beschreibt den Wohlstand von Menschen im Verhältnis zu anderen Menschen innerhalb einer Gesellschaft oder vergleichend zwischen unterschiedlichen Gesellschaften. Bestimmt werden dazu die Lebensbedingungen in den verschiedenen Gemeinschaften.

Legislative gesetzgebende Gewalt (das Parlament)

Legislaturperiode Zeitdauer, für die die Abgeordneten in ein Parlament gewählt werden

Legitimation Erlaubnis, Nachweis, etwas tun zu dürfen

Linksextremismus Sammelbegriff für verschiedene Strömungen/Ideologien der politischen Linken. Angestrebt wird eine egalitäre (die Gleichheit aller Menschen anstrebende) Gesellschaft, die parlamentarische Demokratie wird ebenso abgelehnt wie der Kapitalismus.

Mikroelektronik Teilgebiet der Elektronik. Sie beschäftigt sich mit dem Entwurf, der Entwicklung und der Herstellung von winzigen elektronischen Schaltungen.

Monarchie erbliche Herrschaft eines Einzelnen

Multiethnische Gesellschaft Gesellschaft, in der Menschen aus verschiedenen Herkunftsländern mit unterschiedlichen kulturellen Voraussetzungen zusammenleben

Parlament Volksvertretung, in Deutschland: der Bundestag

Parteiendemokratie Entwicklungsform der Demokratie, in der die Parteien in Anspruch nehmen, die wichtigsten politischen Entscheidungen treffen zu wollen

Partizipation Partizipation (v. lat.: *particeps* = an etwas teilnehmend; zugehöriges Verb: „partizipieren“) heißt übersetzt „Beteiligung, Teilhabe, Teilnahme, Mitwirkung, Mitbestimmung, Einbeziehung“.

Philosophie (griech. „Liebe zur Weisheit“) Wissenschaft, die sich damit beschäftigt, wie Menschen denken und handeln und die nach dem Sinn und Zweck des Lebens fragt

Pluralismus die Vielzahl und das Nebeneinander individueller Meinungen und Interessen

Politikverdrossenheit negativer Entwicklungstrend in der Beziehung zwischen den Bürgern und den Parteien bzw. Politikern

populistisch Adjektiv zu „Populismus“ (lat. *populos*: Volk) Eine populistische Politik greift z. B. aktuelle Meinungen oder Ängste auf und bietet scheinbar einfache Lösungen für Probleme an.

Privilegien	Vorrechte für einzelne Menschen oder Gruppen
Rechtsextremismus	Form des Extremismus, die die Gleichheit aller Menschen ablehnt und einen autoritär geführten Staat anstrebt. Der Wert eines Menschen wird gemessen an seiner Zugehörigkeit zu einer bestimmten Nation oder Rasse. Daraus ergibt sich eine radikale Fremdenfeindlichkeit.
Reparationsforderungen	Leistungen, die der im Krieg unterlegene Staat als Ersatz für Kosten und Verluste des Siegers zu erbringen hat (Wiedergutmachung, Entschädigung)
Repräsentant	Person, die eine bestimmte Gruppe von Menschen oder eine Institution o. Ä. in der Öffentlichkeit vertritt
Republik	Staat, der nicht von einem König oder Kaiser regiert wird
Responsivität	Bereitschaft der Abgeordneten, bei der Gesetzgebung Wünsche und Interessen der Bürger zu berücksichtigen
Sozialstaatsgebot	Grundprinzip des Grundgesetzes, nach dem Deutschland ein sozialer Staat ist
Sozialstruktur	Bezeichnet die Einteilungsmöglichkeiten von Gesellschaften nach sozialen Merkmalen. Besonders wichtig ist in diesem Zusammenhang die Frage nach der sozialen Schichtung. Hierbei werden u. a. Gemeinsamkeiten und Unterschiede der Mitglieder verschiedener sozialer Gruppen (z. B. Männer/Frauen; alte Menschen/junge Menschen; Unterschicht/Mittelschicht/Oberschicht) beschrieben.
Staatsformen	Organisation der Herrschaftsausübung, z. B. über die Stellung des Staatsoberhauptes
Ständegesellschaft	Gesellschaftssystem, das in Gruppen (= Stände) unterteilt ist, deren Zugehörigkeit weitestgehend durch die Geburt bestimmt ist. Gleichzeitig wurden damit auch bestimmte Rechte und Pflichten festgelegt.
Virginia Bill of Rights	Grundrechteerklärung von Virginia, die im Zuge der Abtrennung Virginias vom Königreich Großbritannien entstand und vom Konvent von Virginia am 12. Juni 1776 einstimmig verabschiedet wurde. Sie hatte großen Einfluss auf die Ausformulierung der Unabhängigkeitserklärung der Vereinigten Staaten von Amerika im gleichen Jahr.
Wohlfahrtsstaat	Staat, der weitreichende Maßnahmen zur Steigerung des sozialen, materiellen und kulturellen Wohlergehens seiner Bürger ergreift

Sachwortverzeichnis

Bildquellenverzeichnis

Akg-images GmbH, Berlin: S. 12.1, 18.1, 18.2, 20.1, 21.1, 21.2, 22.2, 72, 98.1, 118
ALLBUS (GESIS), Deutsche Welle: S. 83.2
Bergmoser + Höller Verlag AG, Aachen: S. 35, 45, 50, 83.1, 109, 127.2, 137.1
Bertelsmann Stiftung, Gütersloh: S. 81
Bildarchiv Preußischer Kulturbesitz, Berlin, 2012: S. 8, S. 70.1
Bundesagentur für Arbeit, Nürnberg: S. 128
Bundesarchiv, B 145 Bild-P103896/Fotograf: o.Ang., Koblenz: S. 42
Bundesministerium der Finanzen (Entwurf Lori und Ernst Jünger): S. 78
Bundesministerium des Innern, Berlin: S. 53
BÜNDNIDS 90/DIE GRÜNEN, Berlin: S. 48.4, 133.4
Christina Höckmann, Dortmund: S. 14
CDU Deutschland, Berlin: S. 48.5, 133.1
Deutscher Bundestag/Lichtblick/Achim Melde, Berlin: S. 7, 32
Deutsches Historisches Museum Berlin: S. 71
Die Linke, Berlin: S. 48.3
dpa Infografik GmbH, Frankfurt: S. 58,82, 89.2, 93.2, 95, 99.1, 99.2, 103, 105, 109.1, 112, 113, 115.1, 115.2, 117, 121, 129, 137.2
dpa Picture-alliance GmbH, Frankfurt: S. 10, 15.1, 16, 20.2, 36, 38, 51, 52, 74, 75, 76, 80.1, 80.2, 87.4, 101, 104, 110, 125.1, 130, 134, 136
existere e.V. , Berlin: S. 91, 92
FDP. Berlin: S. 48.2, 133.3
Fotolia: S. 11 (Gerd Gropp). 12.2 (kmiragaya), 15.2 (Scanrail), 35 (Imel900), 56 (pp77), 60 (m.schuckart), 69 (goodluz), 70.2 (Georgios Kollidas), 87.1 (Yuri Arcurs), 87.2 (Yuri Arcurs), 87.3 (Christian Schwier), 87.5 (Monkey Business), 87.6 (Gina Sanders), 88 (Robert Kneschke), 90 (Aintschie), 98.2 (Valua Vitaly), 102 (Pavel Losevsky), 108.1 (Dark Vectorangel), 108.2 (Maridav), 108.3 (Yuri Arcurs), 116.1 (andreas), 116.2 (michels), 116.3 (Martin Hahn), 120 (wildworx), 130.2 (chawa06)
Gerhard Launer WFL-GmbH, Rottendorf, www.wfl-gmbh.de: S. 85.1
Gunther Kopp, Dunzweiler: S. 85.2
Institut der deutschen Wirtschaft Köln e.V., Köln: S. 135
Interfoto, München: S. 68
Maurice Quentin de La Tour (1704–1788): S. 22.1
Netzdemokraten e. V., Berlin: S. 64
Piratenpartei Deutschland, Berlin: 48.1
SPD, Berlin: S. 48.6, 133.2

Zeichnungen/Karikaturen

Angelika Brauner/Bildungsverlag EINS: S. 37, 39
Felix Mussil/caricatura museum frankfurt, Frankfurt: S. 49
Gerhard Mester, Wiesbaden: S. 127.1
Hendrik Kranenberg/Bildungsverlag EINS: S. 6, 30
Holger Appenzeller, Stuttgart: S. 28
Horsch, Wolfgang, Niedernhall: S. 43
Klaus Stuttmann, Berlin: S. 57.2
Kostas Koufogiorgos, Stuttgart: S. 125.2
Peter Butschkow, Langenhorn: S. 119
Roger Schmidt, Brunsbüttel: S. 57.1
Thomas Plaßmann, Essen: 93.1
Walter Hanel/Haus der Geschichte, Bonn: S. 124

Umschlagfoto: fotolia (ArTo)